Antoinette Schwab

D1729719

DREH-
ORT⁺
Wandern in Schweizer Filmkulissen

FAR☉

© 2015 Faro | Fona Verlag AG, 5600 Lenzburg
www.fona.ch

TEXT
Antoinette Schwab

LEKTORAT
Walter Bauhofer

COVERGESTALTUNG
FonaGrafik, Lea Spörri

GESTALTUNG UND KONZEPT
FonaGrafik, Hiroe Mori

DRUCK
CPI Germany

ISBN
978-3-03781-077-4

BILDNACHWEIS
Siehe Seite 222

KARTENAUSSCHNITTE
Reproduziert mit Bewilligung von swisstopo
(BA150118)

INHALT

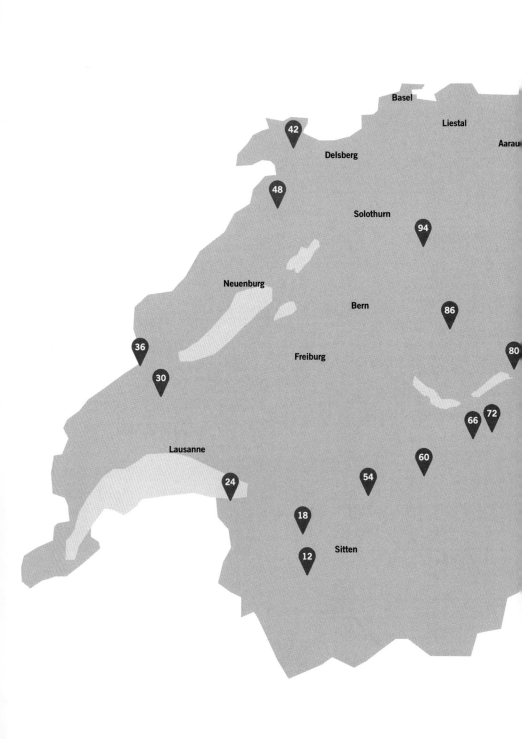

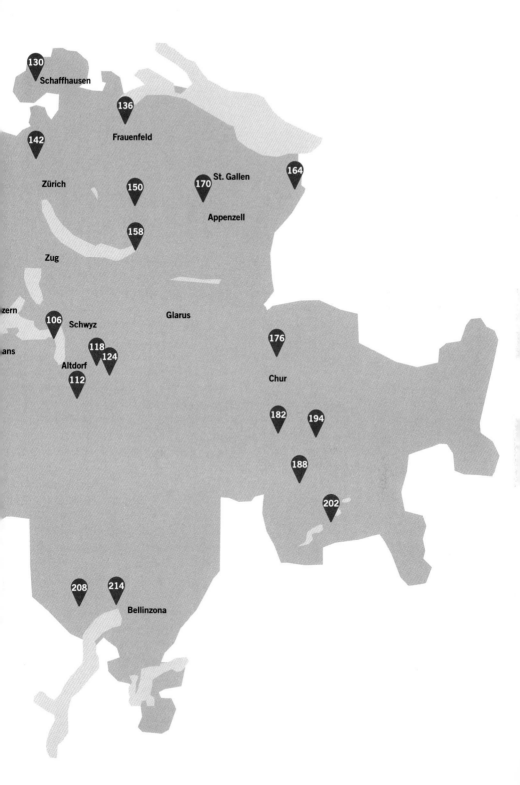

ZU DIESEM BUCH

Auf dem Gipfel, in der Ebene, am See, im Dorf, auf der Alp, im Wald – überall in der Schweiz wurden Spielfilme gedreht. Nicht nur auf dem Schilthorn. Die Schweiz ist eine einzige Filmkulisse.

Die 33 Wanderrouten in diesem Buch führen alle an Drehorte von Spielfilmen in der Schweiz. Das Buch liefert aber nicht nur Karten und Wanderbeschreibungen, sondern auch viel Bildmaterial sowie Informationen und Geschichten rund um den Film, die Drehorte und die Dreharbeiten. Die Wanderungen führen über Berge und Hügel, an Flüssen und Seen entlang, durch Ebenen, Wiesen und Wälder in den verschiedenen Regionen des Landes. Da ist für alle etwas dabei.

Auch die Auswahl der Filme aus verschiedenen Zeiten und Genres bietet für jeden Geschmack etwas: unvergessliche Klassiker, Liebesfilme, Blockbuster, Kinderfilme, Horrorfilme, Dramen und Komödien, darunter neben vielen Schweizer Filmen auch einige internationale Produktionen. James Bond darf da natürlich auch nicht fehlen.

Manche Drehorte fand ein Regisseur erst nach langem Suchen, andere drängten sich auf.

Sie zu erwandern ist nicht immer einfach. «Filme haben ihre eigene Geografie», sagt ein Produzent. Tatsächlich wurde kaum ein Film an einem einzigen Ort gedreht, und oft liegen die Drehorte weit auseinander. Deshalb kommt man auf einer Wanderung kaum einmal an allen Drehorten eines Films vorbei.

Selten liegen die Drehorte schön aufgereiht am Wanderwegnetz. Oft muss der Wanderweg verlassen werden, um diese Orte zu erreichen. Wanderbeschreibung und Wanderkarte sind daher unentbehrlich. Die Dreharbeiten mancher dieser Filme liegen lange zurück und es war nicht immer einfach, die genauen Drehorte ausfindig zu machen. Obwohl alles sorgfältig recherchiert wurde, sind inhaltliche Fehler nicht ganz auszuschliessen.

Die meisten Wanderungen sind für durchschnittlich Geübte kein Problem. Der Wanderbeschreibung ist zu entnehmen, wo besondere Schwierigkeiten warten. Höhendifferenz und Dauer der Wanderung liefern Hinweise auf die konditionellen Ansprüche. Die Bergwanderungen sind nur zu empfehlen, wenn kein Schnee liegt und der Weg nicht vereist ist. Viele Routen können oft bis spät in der Saison noch begangen werden. Die Wanderungen in tieferen Lagen haben zu jeder Jahreszeit ihren eigenen Reiz.

Wanderungen in den Bergen sollten sorgfältig geplant werden. Die öffentlichen Verkehrsmittel fahren oft nur in der Sommersaison, und auch da nur wenige Male pro Tag. Ausserdem muss man in den Bergen immer mit Wetterumschwüngen rechnen. Geeignete Ausrüstung versteht sich von selbst. In den Bergen und im Jura sind zudem oftmals Viehweiden zu durchqueren.

Viele Leute haben die Suche nach Drehorten bereitwillig unterstützt und von ihren Erlebnissen rund um die Dreharbeiten erzählt, darunter Produzentinnen, Regisseure, Produktionsleiterinnen, Schauspieler, Location Scouts, Aufnahmeleiter, Crewmitglieder von Maske, Requisite, Ausstattung, Kamera, Grip, aber auch Caterer, Statistinnen, Synchronsprecher, Wirte, Anwohnerinnen, Zeitzeugen, Gemeindeangestellte, lokale Helferinnen, Zollbeamte, Tierhalterinnen, Denkmalpfleger, Förster, Dorfchronisten. Sie alle haben liebenswürdigerweise in ihren Unterlagen, Erinnerungen oder Fotoalben nach hilfreichen Informationen gesucht und grosszügig Bildmaterial zur Verfügung gestellt. Ohne sie wäre es nicht möglich gewesen, dieses Buch zu realisieren. Ihnen allen vielen herzlichen Dank!

Der Besuch der Drehorte macht natürlich mehr Spass, wenn man sich die Filme vorher oder nachher anschaut. Und wer weiss, vielleicht hat ja der eine oder die andere am Weg noch ein Müsterchen zu erzählen, denn für die ansässige Bevölkerung waren die Dreharbeiten jeweils ein besonderes Erlebnis.

Viel Vergnügen
Antoinette Schwab

EIN FILM PRÄGT EIN DORF

«Farinet ou l'or dans la montagne» ist nur ein Film, doch er hat das Leben einiger Menschen ganz schön beeinflusst. Einen brachte er sogar um sein ganzes Erbe.

Jean-Louis Barrault war in Frankreich schon ein Star, als er im August 1938 zu den Dreharbeiten nach Saillon kam. Eine grosse Sache für das kleine Walliser Weindorf. Alle wollten ihn zu sich einladen und boten ihm ihren Wein an. Doch Barrault wollte mit niemandem reden. Noch nicht. Er wollte zunächst nur eines: ans Grab von Farinet. Er war entsetzt, als er erfuhr, dass seine Filmfigur kein eigenes Grab hat, sondern hinter der Sakristei in ein Gemeinschaftsgrab in ungeweihtem Boden gelegt wurde. Noch während der Dreharbeiten liess er ein Kreuz für ihn aufstellen. Das Farinet-Virus hatte auch ihn gepackt.

Der Falschmünzer Joseph-Samuel Farinet starb am 17. April 1880 in der Salentse-Schlucht zwischen Saillon und Leytron. Wie, ist nicht ganz klar: von der Polizei erschossen, verhungert, auf der Flucht abgestürzt? Doch nicht erst sein ungeklärter Tod machte ihn unsterblich. Farinet war schon zu Lebzeiten eine Legende. Er verhöhnte die Obrigkeit, liebte die Frauen, war immer guter Laune und verschenkte gelegentlich auch sein selbstgemachtes Geld. Endgültig zum Freiheitshelden wurde er

mit dem Roman von Charles Ferdinand Ramuz, und dieser sollte nun verfilmt werden.

Das ganze Dorf spielte mit, sogar der Gemeindepräsident Fernand Thurre, und aus Paris waren neben Jean-Louis Barrault noch weitere Stars angereist. Viele der Filmleute wohnten während der Dreharbeiten im Dorf, und an den Hauswänden in den engen Gassen lehnten die grossen Reflektoren. Pascal Thurre kann sich an diesen Anblick noch genau erinnern. Er war damals knapp elf Jahre alt. Als Sohn des Gemeindepräsidenten sass er jeweils andächtig mit am Tisch, wenn Jean-Louis Barrault zu Besuch kam. Barrault war der Held seiner Kindheit, und das hatte Konsequenzen. Die Geschichte von Farinet hatte er natürlich schon vorher gekannt. Jeder dort kannte jemanden, der jemanden kannte, der Farinet gekannt hatte, und wie die anderen Kinder in Saillon hatte auch er eingangs der Schlucht gespielt, in der Farinet sich versteckt hatte. «Doch ohne den Film hätte ich niemals diese Faszination für Farinet entwickelt», sagt der Journalist rückblickend. Er schrieb über ihn, Artikel, Bücher, ein Theater-

Jean-Louis Barrault als Falschmünzer Farinet unterwegs in den Rebbergen oberhalb von Saillon.

stück. Farinet sei sein drittes Kind, sagen seine beiden anderen Kinder. 1980 jährte sich der Tod des Walliser Volkshelden zum 100. Mal. Anlass für ein Denkmal, dachte sich Pascal Thurre und nahm Kontakt auf mit Jean-Louis Barrault. Nein, kein Denkmal, meinte dieser, nicht das Richtige für Farinet, den Freiheitsliebenden, den Romantiker, den Träumer. So kamen sie auf die Idee, ihm einen Weinberg zu widmen, und daher hat Saillon nun auch den kleinsten Weinberg der Welt, drei Rebstöcke zuoberst auf der Colline Ardente, dem glühenden Hügel, mitten in den anderen Weinbergen am Walliser Südhang. Jedes Jahr wird der Wein aus dem Farinet-Weinberg mit einem anderen Wein gemischt, in tausend Flaschen abgefüllt und und verkauft. Der Ertrag fliesst wohltätigen Zwecken zu. Als Erster durfte Jean-Louis Barrault bestimmen, wem das Geld zugutekommen sollte. Als er zu diesem Anlass ins Dorf zurückkehrte, wurde er wieder genau so euphorisch empfangen wie zu den Dreharbeiten 1938. Nach ihm waltete Abbé Pierre dieses Amtes, und seit 1999 der Dalai Lama.

Der Weinberg hat den Falschmünzer Farinet in der ganzen Welt bekannt gemacht und ist zu einem kleinen Wallfahrtsort geworden. Viele hinterlassen dort auf Plaketten aus Metall, Stein, Holz oder Keramik ihre Gedanken zu Farinet. Die «Amis de Farinet», die sich um den Weinberg kümmern, holen auch immer wieder andere prominente Persönlichkeiten auf die Colline Ardente. Bundesrat Didier Burkhalter war da ebenso wie Gina Lollobrigida, Roger Moore, Michael Schumacher und Zinédine Zidane. Sie helfen beim Schnei-

den, bei der Weinlese, beim Pressen. Für die Prominenz liegt eigens ein wetterfestes Erinnerungsbuch auf. Inzwischen gibt es in Saillon auch einen Farinet-Platz, und auf Anregung von Pascal Thurre ist der Sentier des Vitraux entstanden, ein Weg mit Glaskunst-Installationen zu spirituellen Themen. Ausserdem wurde die Passerelle à Farinet gebaut, eine Hängebrücke über die tiefe Salentse-Schlucht, in der sich der reale Farinet lange versteckt hielt und schliesslich den Tod fand. Für den Film wurde allerdings in der Borgne-Schlucht gedreht, und wer die Salentse-Schlucht einmal gesehen hat, der weiss auch, warum.

In der Schlucht selber gibt es einen Klettersteig, die Via Farinetta, und im Ort steht ja auch noch das Falschgeldmuseum. Alles Farinet in Saillon, das übrigens 2013 zum schönsten Dorf der Romandie gekürt wurde. Im Film ist es wiederholt zu sehen, einmal von weitem, mit seinem Turm im Hintergrund, einmal wird in den Gassen gespielt, und wenn der Falschmünzer durch die steilen Rebberge oberhalb des Dorfes zieht, so ist das ganz in der Nähe des Weinberges, der nun ihm gewidmet ist. In der Ebene zwischen Saillon und Leytron, nicht weit weg vom Ausgang der Schlucht, trifft Farinet auf die Tochter des Bürgermeisters, eine schicksalhafte Begegnung.

Das Ende des Films ist nicht so, wie es ursprünglich im Drehbuch stand. Der Autor hätte Farinet gerne am Leben gelassen. Das Drehbuch hatte C. F. Vaucher verfasst. Er war Schauspieler, Regisseur, Texter, Kabarettist und Journalist, später auch noch Werbetexter und Fernsehkoch. Als seine Mutter überraschend starb und ihm 210 000 Franken hinterliess, gründete er die Clarté Film AG in Basel und Paris und beschloss, fortan Filme zu produzieren. «Farinet ou l'or dans la montagne» war sein erstes Projekt als Produzent. Das Drehbuch schrieb er nach dem Roman von Charles Ferdinand Ramuz, und Max Haufler, ein Künstlerfreund aus Basel, übernahm die Regie. So weit, so gut.

Doch dann verzögerte die französische Vertriebsgesellschaft, die den Film mitfinanzierte, immer wieder die versprochenen Zahlungen. Vaucher rann das Geld durch die Finger. Teure Aussenaufnahmen, teure Stars, sein Geld war bald weg, und die anderen Geldgeber mischten sich mehr und mehr in die Dreharbeiten ein und änderten den Schluss. Doch das war nicht das Einzige, was schieflief. Nach der Generalmobilmachung Ende September in Frankreich mussten die Franzosen nach Hause, bevor der Film fertig war. Deshalb sollten die letzten Szenen in Paris gedreht werden, doch ein Brand im Studio verzögerte die Arbeiten um weitere drei Wochen.

Als der Film endlich fertig war, konnte er wegen der drohenden Kriegsgefahr nicht richtig vermarktet werden. Später machte sich auch noch der Geschäftsführer der Pariser Clarté-Niederlassung mit dem in Frankreich eingespielten Geld auf und davon und, als sei das noch nicht genug, wurde der Originalfilm bei einem Bombenangriff auf Paris zerstört. Weil sich nicht eruieren liess, ob es ein Angriff der Deutschen oder der Engländer gewesen war, weigerte sich die Versicherungsgesellschaft zu zahlen. Alles, was Vaucher von seinem Produktionsabenteuer letztlich blieb, war eine Kopie seines Films.

Mehr als 40 Jahre nach den Dreharbeiten kehrt Jean-Louis Barrault als frischgebackener Winzer und Ehrenbürger nach Saillon zurück.

WANDERUNG

SAILLON – VIGNES À FARINET – PASSERELLE À FARINET – GORGES DE LA SALENTSE – SAILLON

START Saillon, Haltestelle Collombeyres

WANDERROUTE Von der Place Farinet ❶ vis-à-vis der Haltestelle auf dem Sentier des Vitraux (Glasbilderweg) ins Dorf hinauf, am Falschgeldmuseum vorbei ❷ und durch die Strässchen, in denen gedreht wurde, zum Farinet-Weinberg hinauf ❸. Zurück zum Glasbild 19 ❹ und von dort der Route 9 entlang durch die teils stotzigen Weinberge hinauf zur Passerelle à Farinet. Etwas einfacher geht es dem Strässchen entlang. Von der Hängebrücke aus eindrücklicher Blick in die Schlucht der Salentse ❺, wo Farinet den Tod fand und heute ein Klettersteig eingerichtet ist, die Via Farinetta. Über die Hängebrücke und via Montagnon und Produit wieder ins Tal hinunter. Vor Les Moulins Abstecher zum Eingang der Schlucht ❻, wo sich Farinet versteckte. Dem Hang entlang zurück nach Saillon, wo natürlich überall ein lokaler Wein angeboten wird.

BESONDERES Hängebrücke, 97 Meter lang und 136 Meter hoch.

🕐 ca. 3¹⁄₂ Stunden

↔ 9 km

↗ 542 m

↘ 498 m

FARINET OU L'OR DANS LA MONTAGNE (1939)

REGIE Max Haufler
MIT Jean-Louis Barrault, Suzy Prim, Heinrich Gretler
DREHBUCH Charles Ferdinand Vaucher, nach einem Roman von Charles Ferdinand Ramuz
MUSIK Arthur Honegger

PRODUKTION Charles Ferdinand Vaucher, Clarté Film AG
DREHORTE Saillon, Sion, Saxon, Borgne-Schlucht, Alp Louvie (Val de Bagnes), Savièse, Leytron, St-Léonard, Studio Paris

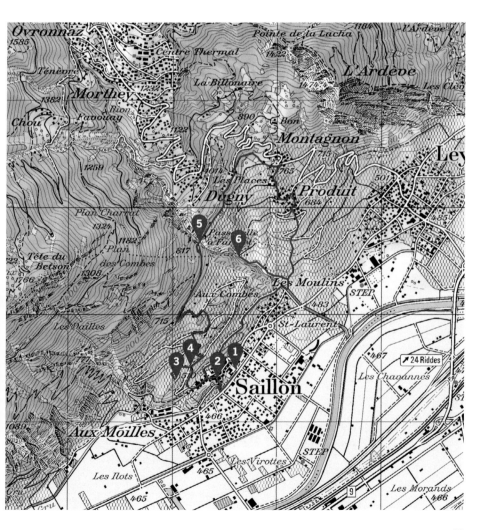

FILMTEAM AM LIMIT

In «Cœur animal» zeigt der Hauptdarsteller ein Herz für Tiere, und auch der Hund hatte ausnahmsweise einmal eine Fünf-Tage-Woche.

Zoukie hatte eine wichtige Rolle. Er sollte das Monster menschlicher machen, den Mann mit einem Tier im Herzen. Zu seinem Hund hatte Paul eine bessere Beziehung als zu seiner Frau. Doch Zoukie war auch der geborene Schauspieler. «Der Hund begriff sofort, was er zu tun hatte. Er hatte einen sechsten Sinn», sagt die Regisseurin Séverine Cornamusaz. Nicht nur seine Aufgabe als Hirtenhund nahm er sehr ernst, auch seine neue Arbeit als Darsteller. Wenn er «ça tourne», Kamera läuft, hörte, war er sofort zur Stelle, und als sein Besitzer ihn am Set besuchte, liess er ihn einfach stehen, als die Crew nach ihm rief. Immer war er aufmerksam

mit dabei, nur am Wochenende nicht, denn ausnahmsweise galt während der Dreharbeiten für alle Beteiligten eine ganz normale Fünf-Tage-Woche. Es war dem Drehort geschuldet. Die Alpe d'Anzeindaz ist an Wochenenden ein beliebtes Ziel für Wanderlustige. Zu viele Störungen bei der Arbeit, und so zogen die Filmleute am Wochenende ab und auch Zoukie durfte nach Hause.

Séverine Cornamusaz kannte die grosse Alp am Fusse der Diablerets sehr gut. Sie war in der Nähe aufgewachsen. Ein Jahr vor Drehbeginn verbrachte sie viel Zeit in der Region, um das Drehbuch fertig zu schreiben, beobachtete die Arbeit mit den Tieren, das Käsen,

die plötzlichen Wetterumbrüche in der wilden Landschaft, die sie an die Ursprünge der Welt erinnerten. Eigentlich hatte sie eine Geschichte über ihre Grossmutter erzählen wollen, eine Grossmutter, die sie nie gekannt hat. Sie starb an Krebs, als ihre Mutter fünfzehn Jahre alt war. Es ging nicht, ihr fehlte die Distanz. Nur der Name ist geblieben: Die Hauptfigur heisst Rosine, wie die Grossmutter, der sie den Film gewidmet hat.

Rosine lebt mit ihrem Mann Paul zusammen auf der Alp. Zärtlichkeit kennt sie nicht von ihm. Seine Tiere behandelt er besser als seine Frau. Sie ist gesundheitlich angeschlagen und leidet offensichtlich, die harte Arbeit fällt ihr immer schwerer, doch Paul reagiert lange nicht darauf. Der Saisonarbeiter Eusebio, den er dann einstellt, ist ein ganz anderer Typ, locker, redselig, gesellig und rücksichtsvoll gegenüber Rosine. Paul, der sein ganzes Leben lang verschlossen war, weiss so gar nicht, was er mit den Gefühlen anfangen soll, die in ihm aufkommen. Er schlägt um sich. Da wird bei Rosine Krebs diagnostiziert.

Die Geschichte, die Séverine Cornamusaz in ihrem Film erzählt, hat eine literarische Vorlage. Als sie sich wieder einmal mit dem Gedanken trug, ihre Familiengeschichte zu verfilmen, stiess sie auf das Buch «Rapport aux bêtes», zu Deutsch «Von wegen den Tieren», von Noëlle Revaz. «Nach zwei Seiten war ich bereits in Paul verliebt! Abgesehen davon war mir das im Buch beschriebene Universum vertraut», erzählt sie in einem Interview. Das Buch zum Drehbuch umzuarbeiten, war schwieriger als erwartet, und die Regisseurin nahm mit ihrem Projekt an einem Stoffentwicklungsprogramm teil. Dort lernte sie auch den Produzenten Xavier Grin kennen, und obwohl er sie vor den Schwierigkeiten gewarnt hatte, realisierte er den Film mit ihr zusammen schliesslich dort, wo sie ihn haben wollte.

LINKS Wo Paul ist, ist auch Zoukie.
RECHTS Auf diesem Weg geht es für Paul nicht mehr weiter.

Die Alpe d'Anzeindaz war alles andere als ein idealer Drehort. Der Weg hinauf führt durch eine schmale Strasse am Abhang der Diablerets, die im Lauf der Dreharbeiten immer wieder verschüttet wurde. Die für die Gegend typischen ständigen Wetterumbrüche machten eine Planung sehr schwierig. Ihm war bald klar, dass das Projekt nur dann realisierbar war, wenn das ganze Filmteam auch dort oben wohnte. So konnten sie flexibel auf die Wetterumbrüche reagieren, bei geeignetem Wetter etwa draussen auf der Alp oder rund um die Alphütte drehen und bei schlechtem Wetter in der Alphütte drin. Da stellte sich das nächste Problem. Es gibt dort zwar zwei Gasthäuser, das «Refuge Giacomini» und «Chez Léon», doch auch beide zusammen hatten nicht genug Zimmer für eine normal grosse Filmcrew, und ein Massenlager wollte er niemandem zumuten. Genug, dass es keinen Strom gab. So wurde die Zimmerzahl zum limitierenden Faktor. Es konnten einfach nur so viele mitkommen, wie es Zimmer hatte. Die reduzierte Crew und die Darsteller blieben sechs Wochen oben auf der Alp. In dieser Zeit waren sie mehr als einmal für zwei, drei Tage abgeschnitten, weil die Strasse verschüttet war. Die Alpbewohner kennen das. Ein Bagger ist immer zur Stelle, so dass sofort geräumt werden kann. Für den Film ging es aber einmal auch den umgekehrten Weg: Paul fährt mit seinem Wagen die Strasse hinunter und wird von einem Steinrutsch gestoppt, der ausnahmsweise künstlich hergerichtet worden war.

Auf den Abhängen der Diablerets liegt viel Geröll, und wandert man den eindrücklichen Felsen entlang über die Alpe d'Anzeindaz zum Cheville-Pass und von dort hinunter nach Derborence, steht man mitten in einem grossen Bergsturzgebiet. 1714 verschüttete ein Bergsturz Dutzende Alphütten. Fünfzehn Menschen fanden den Tod. Charles Ferdinand Ramuz hat diesen Bergsturz in einem Roman verarbeitet,

den Francis Reusser 1985 verfilmte. Xavier Grin war damals als Aufnahmeleiter dabei. Als ihm Séverine Cornamusaz die Alpe d'Anzeindaz als Drehort vorschlug, wusste er also schon, was ihn da am Fuss der Diablerets erwartete.

Für die beiden Hauptdarstellenden, Olivier Rabourdin aus Paris und Camille Japy aus Brüssel, war es Neuland. Um sich vorzubereiten, kamen sie schon vor dem Dreh für einige Zeit in die Region, liessen sich zeigen, wie sie die Kühe melken müssen, welche Abläufe und Bewegungen beim Käsen wichtig sind und wie man mit einem Hirtenhund umgeht. Der enge Kontakt mit Kühen, Ziegen und Hühnern während der sechs Wochen auf der Alp trug ebenfalls dazu bei, dass die Städter das Alpleben glaubhaft spielen konnten. Schon am Morgen wurden sie jeweils vom Gebimmel der Kühe geweckt, wenn sie nach dem Melken auf die Weiden getrieben wurden, und mit Zoukie war der Hauptdarsteller sowieso Tag und Nacht zusammen. Der Hund begleitet

Olivier Rabourdin zu den Kühen am kleinen See, er half ihm mit den Ziegen, und der Schauspieler liess ihn sogar bei sich im Zimmer schlafen. Zoukie ist 2013 gestorben, fünf Jahre nach den Dreharbeiten. Er wurde vierzehn Jahre alt und hat bis an sein Lebensende als Hirtenhund gearbeitet.

LINKS Paul und Eusebio am Rande des Abgrunds.
RECHTS Rosine und Paul führen auf der Alp ein hartes Leben.

WANDERUNG

SOLALEX – ALPE D'ANZEINDAZ – DERBORENCE

START Solalex

WANDERROUTE Privatbus von La Barboleuse nach
Solalex. In Solalex wurden die Restaurant-
Szenen gedreht . Von dort geht es auf einem
steinigen Weg 400 Meter hinauf auf die Alpe
d'Anzeindaz. Die Fahrstrasse, auf der Paul mit dem
Auto steckenbleibt, verläuft mehr oder weniger
parallel zum Wanderweg. Die Alphütte ❹, wo innen
und aussen gedreht wurde, steht an der Weg-
gabelung hinter dem Wegweiser. Die Filmleute
waren im «Refuge Giacomini» und im «Chez
Léon» untergebracht. Der kleine See, wo die Kühe
weiden ❷, liegt oberhalb der Häusergruppe,
und noch etwas weiter oben, direkt am Abgrund,
stellen Paul und Eusebio einen Zaun auf ❸.
Von der Alphütte aus geht es dem Fuss der Diablerets
entlang über die grosse Alp zum Cheville-Pass
und steil hinunter nach Derborence.

BESONDERES Nur ein bis zwei Postautokurse
täglich.

🕐 3 Stunden

↔ 7.7 km

↗ 582 m

↘ 584 m

CŒUR ANIMAL (2009)
REGIE Séverine Cornamusaz
MIT Olivier Rabourdin, Camille Japy,
Antonio Buíl
PRODUKTION Xavier Grin,
PS.Productions
DREHORTE Alpe d'Anzeindaz, Solalex,
Monthey, Les Grangettes

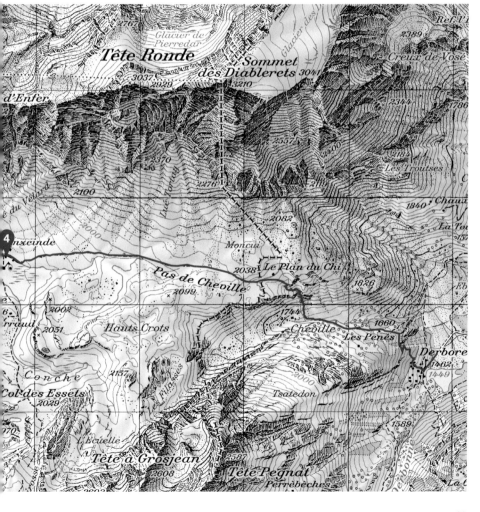

WIE DIE RHONE
AUF DIE WOLGA KAM

Was er für seinen Film «Sunstroke» suchte, fand der russische
Regisseur und Oscarpreisträger Nikita Mikhalkov nur in der Schweiz.

Die Region am oberen Genfersee ist für Russen ein Begriff. Gogol arbeitete in Vevey an seinem Roman «Die toten Seelen», Strawinsky komponierte in Clarens und Morges, und Nabokov lebte als freier Schriftsteller ganze sechzehn Jahre in einer Suite des Montreux Palace Hotel. Dass aber die Schiffe auf dem See unter russischer Flagge fuhren, war dann doch eher ungewöhnlich. Sie liefen zwar nur eine Anlegestelle an, diese aber immer wieder: Le Bouveret. Doch da war nichts mehr wie vorher.

Schon Wochen zuvor hatten die Umbauarbeiten begonnen. Das Häuschen bei der Anlegestelle wurde umgestrichen, und auf dem Schiffssteg wurde ein zweites Häuschen gebaut. Der Schiffssteg selber bekam einen Holzboden und ein Holzgeländer verpasst, und der Weg zur Anlegestelle wurde mit Pflastersteinen ausgelegt, mit ganz besonderen Pflastersteinen. Eigentlich waren es Gummimatten, doch sie sahen, mit etwas Mist und Abfällen bestreut, täuschend echt aus. Und natürlich hiess die Station auch nicht mehr Le Bouveret. Doch wie sie nun hiess, war schwer zu entziffern. Während der Aufbauarbeiten wehten auf dem Steg die Fahnen der Schweiz und Russlands gemeinsam. Anfang Oktober war Schluss damit. Die Schweizer Fahne musste weg, die Dreharbeiten begannen.

Auf der Wiese vor der Anlegestelle standen Zelte und Wohnwagen bereit für Maske, Büros und Catering. Rund um die Anlegestelle selber war alles abgesperrt. Eine lange Holzwand nahm die Sicht auf das Geschehen. Ausserhalb der Absperrungen spazierten überall Menschen aus einer anderen Zeit herum. Bäuerinnen mit Tüchern um Kopf und Schultern, bärtige alte Männer, elegante Schiffspassagiere, Uniformierte, Kinder. An manchen Tagen wurden bis zu 150 Statisten gebraucht. Und weil die Kostüme in einem leeren Verkaufsraum in der Marina aufbewahrt wurden, einige hundert Meter vom Drehort weg, wähnte man sich in Le Bouveret des Öfteren im falschen Film. Oder im richtigen.

«Sunstroke» ist eine Liebesgeschichte und eine Geschichte über das Ende des zaristischen Russland. Ein Offizier der Weissen Armee, der 1920 auf der Krim gegen die Rote Armee kämpft, wird mit einigen Dutzend anderen zusammen von seiner Truppe abgeschnitten und interniert. Er weiss, was er von der Roten Armee zu erwarten hat. Im Camp denkt er zurück an eine kurze intensive Romanze, die er nicht vergessen kann. Dreizehn Jahre früher, während einer Schifffahrt auf der Wolga, sieht er eine schöne Unbekannte. Ihren Namen wird er nie erfahren. Sie ist verheiratet, hat Kinder, er ist verlobt. Sie verlassen das Schiff und verbringen die Nacht gemeinsam in einem Hotel. Am nächsten Tag, als er erwacht, ist sie weg.

Die Schifffahrt auf der Wolga war der Grund, dass die Produktion in die Schweiz kam. Auf der Wolga gab es zwar noch Schiffe aus der Zeit, in der der Film spielt, doch die waren nicht mehr fahrtüchtig. Auf dem Genfersee dagegen fährt eine ganze Flotte von Belle-Epoque-Raddampfern, ein Kulturdenkmal von nationaler Bedeutung. Eine ganze Flotte brauchte es nicht. Drei Schiffe wurden gechartert: die «Montreux», die «La Suisse» und die «Rhône» als Hauptschiff. Sie bekam

eine zusätzliche Etage und Kabinenattrappen und hiess im Film «Letutschi». Das Einzige, was am Genfersee störte, waren die Berge. Die Landschaft rund um die Wolga ist weit und flach. Diese Landschaft wurde nachträglich in den Film eingefügt.

Vierzig Jahre lang habe er schon daran gedacht, diesen Stoff zu verfilmen, erklärt der siebzigjährige Nikita Mikhalkov. Der Filmstoff basiert auf zwei Publikationen des russischen Nobelpreisträgers Iwan Bunin. Zum einen auf der Kurzgeschichte «Sonnenstich», zum anderen auf dem Revolutionstagebuch «Verfluchte Tage». Der Film bekam durch die russische Annexion der Krim 2014, gewollt oder ungewollt, eine politische Aktualität. Dem Regisseur wird seine Nähe zum russischen Präsidenten Putin vorgeworfen. Für Heinz Dill, den ausführenden Produzenten, war das in dem Moment nicht Thema:

Die Schiffstation Le Bouveret liegt an der Wolga.

«Für mich war es in erster Linie ein Regisseur mit einem Werk, das er verfilmen wollte.» Und es war ja nicht irgendeiner. Nikita Mikhalkov, bekannt für Filme wie «Urga», «Oblomov» oder «Schwarze Augen», für den er einen Oscar bekam, ist ein Regisseur der alten Schule. «Er mochte es, wenn man ihn Maestro nannte.» Und der Maestro residierte stilgerecht im Montreux Palace Hotel.

Für die fünfwöchigen Dreharbeiten in der Schweiz, von Anfang Oktober bis Anfang November 2012, hatte es im Juli die ersten Kontakte gegeben. Ende August begannen die Aufbauarbeiten. Das Dekor wurde in Russland vorgebaut und mit Lastwagen angeliefert. Die Grundarbeiten erledigten Schweizer, den Feinschliff die russischen Ausstatter mit ihren sehr genauen Vorstellungen. Alte Kandelaber, Plakate, Holzstösse, Postsäcke, Fässer und Marktstände mit Fischen und Gemüse; auf die Details wurde viel Wert gelegt. Rund 120 Russen waren angereist, dazu kamen etwa sechzig Schweizer Crewmitglieder. «Für Filmtechniker gibt es in der Schweiz kaum Möglichkeiten, an einer Produktion beteiligt zu sein, wo mit solchem Aufwand und so viel Mitteln gearbeitet werden kann», sagt Heinz Dill. Und es gibt auch wenige Gelegenheiten, einen historischen Film zu machen.

Am Set waren immer mindesten drei Übersetzer anwesend. Ansonsten verständigte man sich mit Händen und Füssen. «Die Zusammenarbeit war unheimlich gut», betont Heinz Dill. Sein persönliches Highlight: Er durfte überall auf die Suche gehen nach alten Segelbooten, die neben den grossen Raddampfern bei der Anlegestelle liegen sollten. Als eine der grössten Herausforderungen für die Schweizer Crew stellte sich dann eine auf den ersten Blick eher triviale Aufgabe heraus. Die Post-, Getreide- und Kartoffelsäcke mussten gefüllt werden. Die vielen Säcke, die im Film um die Anlegestelle herum gestapelt sind, sollten mit Sägespänen gefüllt werden, doch so viel Füllmaterial aufzutreiben, war schwieriger als gedacht. Kein Lieferant hatte genügend davon vorrätig, und es musste von überall her zusammengesucht werden. Und auch den zweiten Schritt hatte man unterschätzt. Es dauerte tagelang, die vier Camionladungen Sägespäne in die Säcke umzufüllen.

Trotz kleinerer Schwierigkeiten ist das Fazit von Heinz Dill nur positiv: «Es war ein super Abenteuer, und es hat uns ermöglicht, eine Infrastruktur aufzubauen, die auch in Zukunft den Empfang grosser Produktionen möglich macht.» Auch für die Region hat es sich gelohnt. Rund fünf Millionen Franken gaben die russischen Produzenten für Löhne, Material, Unterkunft und Schiffsmiete in der Schweiz aus.

RECHTS OBEN Die Schiffe der Belle-Epoque-Flotte brachten den russischen Regisseur Nikita Mikhalkov an den Genfersee.
RECHTS UNTEN In Le Bouveret herrschte wochenlang eine ganz besondere Atmosphäre.

WANDERUNG

MONTREUX – VILLENEUVE – LE BOUVERET

START Montreux

WANDERROUTE Vom Bahnhof hinunter zum See. Rechts liegt das Hotel Palace **1**. In die andere Richtung immer dem Ufer des Genfersees entlang, am Schloss Chillon vorbei nach Villeneuve.

Dort kurz der Strasse entlang und nach der Brücke rechts ins Naturschutzgebiet Les Grangettes. Dem Wanderweg nach Le Bouveret folgen. Die Marina, eine Siedlung am Wasser, ist von der Brücke vor dem Parkplatz beim Swiss Vapeur Parc her zugänglich. Dort wurden in einem grossen ehemaligen Verkaufsraum die Kostüme und Requisiten aufbewahrt **2**. Die Wiese nach den Imbissbuden beim Bahnhof war vollgestellt mit Zelten und Wohnwagen **3**. Weiter Richtung Anlegestelle war während der Dreharbeiten wochenlang alles abgesperrt, auch der Schiffssteg mit dem Häuschen **4**.

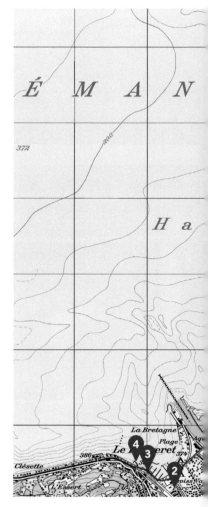

🕐 3¹/₂ Stunden

↔ 14 km

↗ 30 m

↘ 41 m

SUNSTROKE (2014)
REGIE Nikita Mikhalkov
NACH einer Erzählung von Ivan Bunin
MIT Victoria Solovyova, Martins Kalita,
Milos Bikovic, Anastasia Imamova
PRODUKTION Studio Trite
DREHORTE Le Bouveret, Chens-sur-
Léman, Odessa, Moskau

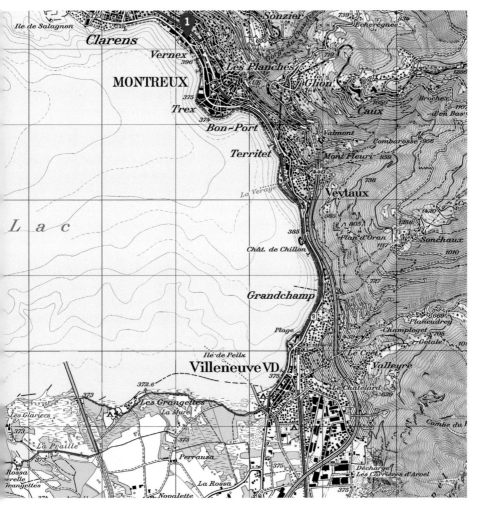

IN DER MITTE ENTSPRINGEN ZWEI FLÜSSE

In «Le Milieu du Monde» haben Landschaft und Liebespaar manches gemeinsam, und der Himmel machte dem Regisseur ein unerwartetes Geschenk.

Die Filmcrew steht auf einer kleinen Brücke und dreht, wie Adriana und Paul über die Brücke schlendern. Dazu sagt eine Frauenstimme: «Die Geschichte und die Form eines Films hängen stark davon ab, wo und wann der Film gedreht wird und unter welchen Umständen.» Nun denn. Es war im Winter 1974, vom 16. Januar bis am 12. März. Nur einige Landschaftsaufnahmen wurden noch im Sommer gemacht. Wo, verrät die Stimme gleich selber: «Dieser Film wurde an einem Ort gedreht, der Milieu du Monde genannt wird.» Und sie verrät auch, worum es darin geht: «Der Film erzählt die Geschichte einer italienischen Kellnerin und eines Ingenieurs aus Milieu du Monde während 112 Tagen.» Die Liebesgeschichte zwischen den beiden dauert allerdings nicht 112 Tage. Bis sie sich zum ersten Mal begegnen, geht es eine ganze Weile. Bei einer Wahlveranstaltung. Er ist aufstrebender bürgerlicher Kandidat, Bauernsohn aus der Region, der es zu etwas gebracht hat, Einfamilienhaus, verheiratet, ein Kind.

Sie kellnert im Bahnhofbuffet, ist zum Arbeiten aus Italien hergekommen, keine vier Jahre nachdem die sogenannte Überfremdungsinitiative nur relativ knapp abgelehnt worden ist. Zwei Welten.

Er fährt nun regelmässig zum Hôtel de la Gare, das es tatsächlich gibt, in Chavornay beim Bahnhof. Im Gastlokal hängen sogar Fotos vom Film. Sie verabreden sich, zuerst bei der alten Steinbrücke, Pont du Moulinet in Orbe, dann machen sie Spaziergänge und reden, etwa beim Etang des Puits, einem der Etangs in Bavois, und am Canal d'Entreroches ganz in der Nähe. Die Gegend erinnert Adriana an ihr Zuhause in Vicenza, in Norditalien, und Paul gibt ihr recht: «Tatsächlich, diese Gegend ist anders als das übrige Land.» Später besucht er sie öfter einmal in ihrem einfachen Zimmer, das für den Film an der Rue du Moulinet liegt, direkt anschliessend an die Brücke.

Was es mit dem Namen des Ortes auf sich hat, erklärt er ihr bei einem Abendessen in der Auberge au Milieu

RECHTS OBEN Adriana und Paul beim Etang des Puits.
RECHTS UNTEN Adriana auf dem Weg zu ihrem Zimmer an der Rue Moulinet in Orbe.

du Monde in wenigen Worten. Hier etwas ausführlicher: Die Auberge au Milieu du Monde steht in Pompaples, eigentlich eine kontinentale Wasserscheide. Der Nozon fliesst durch die Schlucht von Romainmôtier nach Pompaples und weiter nach Norden in die Orbe und durch den Neuenburgersee, die Aare und den Rhein in die Nordsee. Die Venoge fliesst nur gerade eineinhalb Kilometer an Pompaples vorbei gegen Süden in den Genfersee und mit der Rhone ins Mittelmeer. Im 16. Jahrhundert übernahm der Schlossherr von La Sarraz das Hospiz Bornu und machte daraus eine Mühle. Um Wasser für die Mühlräder zu haben, zweigte er Wasser vom Nozon ab und führte es aus der Schlucht in einem Kanal direkt zur Mühle. Weil er auch noch Wasser brauchte, um bei Bedarf seine Felder weiter südlich zu bewässern, verlängerte er den Kanal in diese Richtung. Das restliche Wasser ergoss sich in die Venoge. Nun floss der Nozon also sowohl in die Nordsee als auch ins Mittelmeer. Nicht ganz einverstanden mit der Aktion waren die Bewohner von Orny, das nur wenige hundert Meter entfernt flussabwärts am Nozon liegt, denn der Nozon führte nun merklich weniger Wasser. So gruben sie ebenfalls einen Kanal, einen zwischen der Mühle und ihrem Dorf, der nun einen Teil des Wassers von der Mühle zurück in den Nozon leitete.

So entstand Le Milieu du Monde, die Mitte der Welt, ein Ort, von dem aus das Wasser in zwei grosse Weltmeere fliesst. Paul jedenfalls findet es super, an einem Ort geboren zu sein, der so heisst. Beides, Norden und Süden. Ein Mischling, wie er von sich sagt. Oder

vielleicht will er nur gleichzeitig zwei total unterschiedliche Dinge.

Als sie das Restaurant verlassen, schneit es. Selten hält sich die Natur an den Drehplan. In Filmen giesst es in Strömen, stürmt und schneit. Im Moment der Aufnahme normalerweise nicht. Während es relativ einfach ist, Regen fallen oder Wind wehen zu lassen, ist es mit Schnee weit schwieriger, und es sieht auch nicht immer wirklich echt aus. Doch im Winter 1974 hatte Alain Tanner Glück. Es schneite tatsächlich, und erst noch stark, und das habe der Szene eine völlig unerwartete poetische Dimension gegeben, ein Geschenk, schreibt der Regisseur. Es schneit immer wieder im Film. Der Wind treibt die Schneeflocken über die weiten Felder der Orbe-Ebene. Dazwischen geschnitten sind Aufnahmen vom Sommer, blühende Rapsfelder und grüne Wiesen. Verschiedene Jahreszeiten, verschiedene Persönlichkeiten, verschiedene Welten.

Die ganze Orbe-Ebene wird intensiv landwirtschaftlich genutzt. Die Nutzflächen werden unterbrochen von Wasserläufen, Alleen, Mooren und kleinen Weihern, in denen Biber wieder heimisch geworden sind. Bei den Weihern in der Ebene, besonders den grösseren Etangs du Creux-de-Terre, sind immer wieder auch seltene Vögel anzutreffen. In der Nähe des Naturschutzgebietes Creux-de-Terre führt die Autobahn vorbei. Früher gab es hier noch einen ganz anderen Transportweg. Im 17. Jahrhunderts entstand die Idee einer Binnenwasserstrasse von der Nordsee ans Mittelmeer. Dazu bräuchte es nur ein Verbindungsstück zwischen Neuenburger- und Genfersee. 1638 wurde in

Yverdon mit den Bauarbeiten begonnen. Am anderen Ende der Orbe-Ebene kamen dann die Probleme, denn dort musste der Weg für den Kanal durch die Klus von Entreroches freigesprengt werden. Das Geld wurde knapp, der Kanal konnte nicht fertig gebaut werden und strandete in Cossonay. Trotzdem wurde er lange genutzt, nicht als transeuropäische Wasserstrasse, eher für den regionalen Markt. Kaum vorstellbar, dass auf dem ruhigen kleinen Wasserlauf, dem Canal d'Entreroches, an dem Adriana und Paul spazieren gehen, einst Lastschiffe verkehrten.

OBEN Die Italienerin arbeitet als Kellnerin im Hôtel de la Gare in Chavornay.
MITTE Das Liebespaar im Schneetreiben vor der Auberge au Milieu du Monde.
UNTEN Paul am Canal d'Entreroches.

WANDERUNG

POMPAPLES – BAVOIS – CHAVORNAY – ORBE

LE MILIEU DU MONDE (1974)
REGIE Alain Tanner
MIT Olimpia Carlisi, Philippe Léotard, Juliet Berto
DREHBUCH Alain Tanner, John Berger
PRODUKTION Citel Films, Action Films
DREHORTE Pompaples, Bavois, Chavornay, Orbe, Corcelles-sur-Chavornay, Sainte-Croix, Lausanne, Zürich

START Pompaples, Haltestelle Hôpital St-Loup
WANDERROUTE Das Spital steht oberhalb der Nozon-Schlucht, wo der Canal d'Augine beginnt ❶. Auf dem Strässchen hinunter nach Pompaples kreuzt man ihn ❷. Im Dorf nach rechts vorbei an der Auberge au Milieu du Monde ❸ zum Etang au Milieu du Monde ❹. Weiter durch Orny und die Ebene zum Canal d'Entreroches. Paul und Adriana spazieren zusammen beim Etang des Puits ❺ und am Kanalufer ❻, er manchmal auch alleine. Der Film beginnt bei der Brücke mit dem schrägen Geländer ❼. Dem Kanal entlang bis zur ersten Häusergruppe, dann rechts Richtung Chavornay. Der Bahnlinie folgen zum Hotel de la Gare, dem Arbeitsplatz von Adriana ❽. Durch das Naturschutzgebiet Creux-de-Terre und parallel zur Autobahn bis zur Orbe. In Orbe über die alte Steinbrücke in die Rue Moulinet, wo sich Paul und Adriana öfters treffen ❾.

 4 Stunden

↔ 16 km

↗ 61 m

↘ 109 m

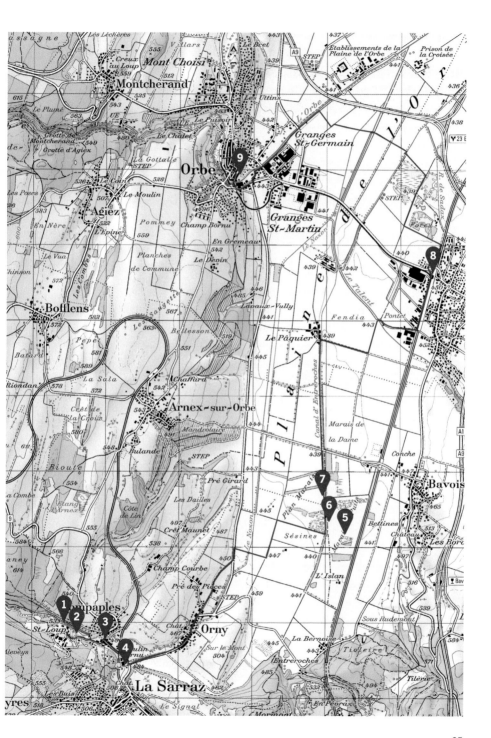

GIPFELSTURM MIT TÖFF

«Les Petites Fugues» ist einer der erfolgreichsten Schweizer Filme.
Auch das Plakat fand viele Anhänger, oder besser gesagt, Abhänger.

Festgezurrt auf einem alten Güterwagon wird es angeliefert, das neue Moped. Blau, Marke Batavus Go Go. Und genau das tut Pipe dann auch. Er macht sich auf. Jahrzehntelang war der Knecht an Ort und Stelle geblieben, und nur ein Bild vom Matterhorn über seinem Bett erzählt von einer stillen Sehnsucht. Doch nun, die neue Freiheit. Er hat zwar einige Anfangsschwierigkeiten mit dem neuen Gerät, doch nachdem ihm sein Arbeitskollege, der italienische Gastarbeiter Luigi, auf die Sprünge geholfen hat, fährt er immer länger und immer weiter weg. Die neuen Erfahrungen schlagen sich auch in seiner Arbeitsmoral nieder, und eines Tages, er ist gerade dabei, Pfähle für einen Zaun einzuschlagen, lässt er alles stehen und liegen und folgt einem Segelflugzeug, das gerade über den Hof fliegt, durch Strassen und Wälder, über Bergwege und vorbei an Alphütten. Für den letzten Anstieg hinauf zum Kulm muss er seinen Töff auf dem steinigen Weg stossen, und da ist es, das weisse Segelflugzeug, es dreht seine Runden, mal über der Ebene, mal über den Felsen, kommt ganz nah und entschwindet schliesslich. «Ça va?», ruft ihm Pipe noch nach, während eine Träne über das alte Gesicht läuft. Gedreht wurden diese Szenen auf dem Suchet, einem Gipfel im Waadtländer Jura, einem in

der ersten Reihe, 1588 Meter hoch und flankiert von den schroffen Aiguilles de Baulmes, über die das Segelflugzeug mehrmals hinwegschwebt.

Der Regisseur Yves Yersin hatte bis dahin Dokumentarfilme realisiert. Sein erster Spielfilm «Les Petites Fugues», deutsch «Kleine Fluchten», war auf Anhieb ein grosser Erfolg. Weit über 400 000 Kinobesuche gab es allein in der Schweiz. Nur eine Handvoll Filme waren seit 1975 erfolgreicher als dieses Erstlingswerk. Im Ausland lockte der Film über den alten Knecht und die Bauernfamilie, bei der er lebt, mit ihren Sorgen und Querelen gar noch mehr Zuschauer in die Kinos, und für einmal waren sich Publikum und Kritikergilde einig, im In- und auch im Ausland. «Der Spiegel» zum Beispiel schreibt: «Yersin gelingt – dank dem knorrigen Charme seines ‹Stars› Michel Robin und den himmlischen Fahrten seines Kameramanns Robert Alazraki – eine Geschichte, die sich immer wieder aus erdigem Realismus leise ins Lyrische aufschwingt; sein Gebilde ist vielschichtig kunstreich und hat doch die schöne Schwerelosigkeit des Selbstverständlichen: Poesie.»

Auch das Filmplakat gefiel den Leuten, so sehr, dass sie es unbedingt haben wollten. Sie hängten es einfach ab und nahmen es mit nach Hause, für

Das Plakat von «Les Petites Fugues» ist unvergesslich.

die Produktion ein zusätzlicher Posten im Budget, weil es immer wieder neu aufgehängt werden musste, doch dieser Posten wird vermutlich nicht sehr geschmerzt haben. Das Filmplakat sollte von Anfang an mehr sein als reine Information. Ein wenig surrealistisch, ein wenig ironisch, ein wenig verträumt, doch nicht nur. Knecht, Bauernhof, Misthaufen sind im Zentrum. Zu sehen ist aber auch alles andere, was für Pipe eine Rolle spielt: der Bauer, stellvertretend für die Menschen um ihn herum, die Strässchen, die er mit seinem Moped abfährt, die neue Freiheit, die ihn beflügelt, das Segelflugzeug, die Motocrossbahn im basellandschaftlichen Roggenburg, wo er noch auf ganz andere Ideen kommt, das Matterhorn, die Jurahöhen.

Vom Suchet aus, auf den Pipe in seinem unbändigen Drang gelangt, sind verschiedene dieser Drehorte zu sehen oder immerhin zu erahnen: In der Ferne Richtung Südwesten nahe dem Genfersee liegt das Gut «Les Ursins» in Montherod, das als Filmbauernhof diente, im Bahnhof von Arnex-sur-Orbe, vom Suchet aus gesehen rechts der Orbe-Ebene, bekommt Pipe sein Moped geliefert, und links neben der Orbe-Ebene, in Chavornay, übt er im Wald, bis er das Fahren richtig beherrscht. Das Panorama auf dem Suchet ist überwältigend, von den Bergen der Ost- und Zentralschweiz über das Berner Oberland und das Wallis bis zu den französischen Alpen und weit in den französischen Jura hinein. Nur das Matterhorn, das der alte Knecht unbedingt einmal sehen möchte, versteckt sich hinter einem anderen Berg. Sein Wunsch wird trotzdem noch erfüllt, doch nicht ganz so, wie er sich das vorgestellt hat.

LINKS OBEN Das Moped nimmt Pipe überall hin mit, auch auf den Gipfel des Suchet.
LINKS UNTEN Der alte Knecht möchte gerne einmal das Matterhorn sehen.
OBEN Pipe schaut dem Segelflugzeug nach, das seine Runden dreht und entschwindet.

WANDERUNG

TROIS VILLES – LE SUCHET – BAULMES

START Trois Villes (Baulmes), Kleinst-Haltestelle, Halt auf Verlangen
WANDERROUTE Wegweisern nach Grange Neuve folgen. Die ersten Meter geht es steil, dann fast stetig aufwärts durch Wälder und Weiden immer den Aiguilles de Baulmes entlang ❶. Ab Grange Neuve weiter Richtung Le Suchet. Pipe kommt von der anderen Seite her angefahren. Das letzte Stück muss er sein Moped stossen ❷ und steht schliesslich von Gefühlen überwältigt auf dem Gipfel ❸. Vom Kulm geht es auf dem Kretenweg nach Baulmes.

🕐 5 Stunden

↔ 14.1 km

↗ 730 m

↘ 1014 m

LES PETITES FUGUES (1979)
REGIE Yves Yersin
MIT Michel Robin, Fabienne Barraud,
Fred Personne
PLAKAT Etienne Delessert
PRODUKTION Filmkollektiv Zürich
DREHORTE Le Suchet, Montherod,
Arnex-sur-Orbe, Broc, Chavornay,
Mont Tendre, Roggenburg, Zermatt

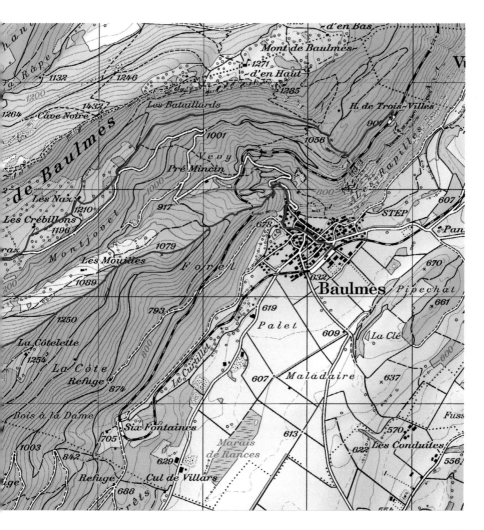

RETTUNG AUS DER STRUMPFFABRIK

«Gilberte de Courgenay» machte die Hauptdarstellerin Anne-Marie Blanc berühmt, doch bei Drehbeginn war die Rolle noch nicht einmal besetzt.

Gedreht im Kriegsjahr 1941 war «Gilberte de Courgenay» ein typischer Film im Dienste der Geistigen Landesverteidigung. Finanziert wurde er unter anderem mit Mitteln der Schweizerischen Nationalspende und einem Darlehen des Armeefilmdiensts. Der Film erzählt die Geschichte von Gilberte, der Wirtstochter im Café de la Gare in Courgenay, die sich während der Grenzbesetzung im Ersten Weltkrieg um die dort stationierten Soldaten kümmert. Diese Gilberte hat wirklich existiert, wollte aber lange nicht, dass ihre Geschichte verfilmt wird. Schliesslich stimmte sie doch noch zu. Die Dreharbeiten begannen Anfang Februar. Die letzten Szenen wurden in der Nacht vom 31. März auf den 1. April 1941 gedreht, und schon am 17. April war Premiere. Seither war die Schauspielerin Anne-Marie Blanc immer auch ein bisschen Gilberte. Oft wurde sie sogar direkt mit diesem Namen angesprochen. Dabei war sie ursprünglich gar nicht für die Hauptrolle vorgesehen; sie sollte die Tilly spielen, die Freundin von Soldat Hasler.

Für die Hauptrolle passte sie eigentlich gar nicht, denn für die Gilberte wurde ein ganz anderer Frauentyp gesucht: klein, dunkelhaarig, etwas mollig. Anne-Marie Blanc dagegen war gross, blond und schlank, aber sie stammte aus der Romandie, und sie sprach, genau wie die echte Gilberte, schweizerdeutsch mit welschem Akzent. Und so kam es, dass schliesslich Anne-Marie Blanc im Café de la Gare in Courgenay zum Fenster hinausschaute. Dieses Café gibt es immer noch. Heute heisst es Hôtel-Restaurant de La Petite Gilberte, und im Saal erinnern Fotos an die berühmte Wirtstochter. Die Treppe, von der Gilberte auf ihre Soldaten schaut, sucht man allerdings vergebens. Die Innenaufnahmen wurden im Studio in Zürich gemacht. Auch die Aussenaufnahmen entstanden nicht alle in Courgenay, sondern zum Beispiel in Lignières oberhalb des Bielersees. Doch das Café de la Gare und den Bahnhof sieht man im Film mehrmals. Auch im Dorf, bei der Kirche und in der Umgebung von Courgenay wurden einzelne Szenen gedreht.

Schaggi Streuli, der in «Gilberte de Courgenay» eine seiner ersten Filmrollen bekam, erzählte am Premierentag im Tages-Anzeiger einige Müsterchen von den Dreharbeiten: «Auf den Feldern liegt noch da und dort ein wenig Schnee. Wir proben. Es weht ein ziemlich heftiger und sogar echter Wind. Aber kalt haben wir gerade nicht. Die Szene verlangt indessen, dass wir frieren müssen. Also wird das geübt. Wir stampfen mit den Füssen, hauchen in die Hände, schlagen die Arme um den Körper, wie man das so macht. Aus einem benachbarten Haus sieht man uns vermutlich zu. Auf alle Fälle erscheint bald ein welsches Maiteli mit einem Kessel voll heissen Tees und kredenzt uns die gefüllten Tassen. Wir trinken und danken herzlich. Es scheint also, dass wir das Frieren ordentlich gespielt haben.»

Doch er machte bei den Dreharbeiten auch ganz neue Erfahrungen: «Es ist ein eigenartiges Gefühl, das erste Mal aus einer Kanone zu schiessen. Ein solches Ding macht einen ungeheuren Lärm. Wir Schauspieler mussten aber richtig schiessen, und zwar scharf, sehr scharf. Also üben! Wir setzen uns in Position. Mir wird ein grosses Schrapnell in die Hände gedrückt. Ich halte die schwere ‹Patrone› wie ein neugeborenes Kind… Ich muss laden. Ich habe dies auch getan. Sehr männlich. Ich hoffe kaum, dass man meinen Knieschlotter im Film sehen wird. Dann klöpft es gewaltig. Der Schreck ist vorbei und mir wohlet es wieder.»

Natürlich hat man den Schauspielern die Waffen nicht einfach überlassen.

RECHTS OBEN Schaggi Streuli hält die «Patrone» wie ein neugeborenes Kind.
RECHTS MITTE Gilberte und Hasler am Fenster des Café de la Gare.
RECHTS UNTEN Arbeiter aus der Strumpfwarenfabrik waren als Statisten beim Kirchgang dabei.

OBEN Dreharbeiten auf dem Bahnhofplatz.
UNTEN Pferde auf dem Bahnhofplatz, im Hintergrund die
Firma Girard.

Es waren immer Armeeangehörige dabei, die dafür sorgten, dass die Kanone richtig eingestellt wurde, und an jenem Tag war sogar ein hoher Offizier anwesend. Er soll geschmunzelt haben, als er die Schauspieler bei ihren Schiessübungen beobachtete. Vielleicht weil er nicht unzufrieden war mit den Mannen, wie Schaggi Streuli vermutete, doch vielleicht hat er ja auch nur den Knieschlotter bemerkt.

Während der Schauspieler den Knieschlotter vom Schiessen bekam, bekommen ihn die Soldaten im Film wegen Gilberte. Besonders Hasler ist sehr von ihr angetan, obwohl er ja eigentlich eine Freundin hat, die Tilly, die aber, seit er eingerückt ist, seine Briefe nicht beantwortet. Er himmelt die liebenswürdige Wirtstochter an und widmet ihr sogar ein Lied: «By Prunterut im Jura, da hät en Wirt es Huus, da luegt es Meitschi alli Stund dreimaal zum Fänschter uus», so beginnt es. Bekannter als die schweizerdeutschen Strophen ist allerdings der französische Refrain: «C'est la petite Gilberte, Gilberte de Courgenay...» Das Lied mit den deutschen Strophen und dem französischen Refrain wurde nicht für diesen Film geschrieben. Es war schon während des Ersten Weltkrieges entstanden. Der Truppen-Troubadour Hanns In der Gand hatte es 1917 im Café de la Gare in Courgenay erstmals vorgetragen. Mit dem Film erlebte es ein Revival und wurde überall im Land angestimmt. Doch durfte in einem Film im Dienste der Geistigen Landesverteidigung die Soldatenmutter, wenn auch eine sehr junge, der Verlobten zu Hause den Mann ausspannen? Die Mutter von Gilberte redet ihr auf dem

Weg zur Neujahrsmesse ins Gewissen und warnt sie davor, sich zu sehr mit einem der Soldaten einzulassen.

Diese Szene wurde an einem der ersten Drehtage in Courgenay gefilmt. Doch zunächst fehlte es am nötigen Volk für den Kirchgang. Im Vorfeld waren Statisten gesucht worden, und normalerweise fanden sich eher zu viel als zu wenige ein. Diesmal nicht. Da ergriff kurzerhand der Maskenbildner die Initiative, «de Perügge-Lismer», wie sie ihn nannten, und bewies, dass er auch noch anderes drauf hatte. Er erklärte dem Direktor einer nahe gelegenen Strumpffabrik die Situation und bat ihn um Unterstützung, und der, sichtlich beeindruckt, erlaubte der ganzen Belegschaft, als Statisten auf dem Gang zur Kirche mitzuwirken. In den Worten des Maskenbildners hörte sich das dann so an: «Das isch doch ohmächtig gsy, die paar Lütli da wo mir gha händ. Da bin i halt goge die Arbeiter hole und ha das Fabrikli g'schlosse.»

Bei der Strumpfwarenfabrik handelte es sich mit ziemlicher Sicherheit um die Firma Girard. Sie war damals nicht der einzige solche Betrieb in der Gegend; die Ajoie war bekannt für ihre Strumpfwarenproduktion. Das Gebäude steht noch, auf der gleichen Seite des Bahnhofs wie das Café de la Gare, hundertfünfzig Meter weiter den Gleisen entlang in Richtung Porrentruy. Heute gehört es zu einer mechanischen Werkstatt, doch eine der Strickmaschinen, aufgebaut immerhin sechs Meter lang, liegt, fein säuberlich in Einzelteile zerlegt und verpackt, noch immer in der ehemaligen Sockenfabrik.

OBEN Vor der Neujahrsmesse redet die Mutter Gilberte ins Gewissen.
UNTEN Viel Militär vor dem Café de la Gare in Courgenay.

WANDERUNG

PORRENTRUY – FONTENAIS – COURGENAY

START Porrentruy

WANDERROUTE Beim Bahnhof nicht direkt auf den Wanderweg nach Courgenay, sondern zunächst Richtung St-Ursanne. Die Wanderroute führt mitten durch die malerische Altstadt von Porrentruy, dem «Prunterut» aus dem Lied ❶. Gegen Süden aus dem Städtchen hinaus nach Fontenais. Vor der Place de la Fontaine nach rechts Richtung Villars-sur-Fontenais. Nach der Anhöhe sieht man links zum ersten Mal Courgenay. Nicht weiter dem Wanderweg entlang, sondern geradeaus. Bei der nächsten Gabelung links in das kleine Tal und immer dem Strässchen entlang bis Courgenay. Eingangs Dorf unter der Eisenbahn durch und weiter bis zum Brunnen. Links hinauf zur Kirche. Den gleichen Weg gingen die Kirchgänger zur Neujahrsmesse ❷. Bei der Kirche über die Strasse und geradeaus weiter. Am Ende des Strässchens steht die ehemalige Strumpffabrik Girard ❸, heute Teil der mechanischen Werkstatt Mecacerf SA. Links dem alten Fabrikgebäude entlang zum Bahnhofplatz mit dem Hôtel-Restaurant de la Petite Gilberte, wo das Militär aufmarschiert, die Musik spielt, die Pferde warten und Gilberte aus dem Fenster schaut ❹.

🕐 2½ Stunden

↔ 10.2 km

↗ 210 m

↘ 145 m

GILBERTE DE COURGENAY (1941)

REGIE Franz Schnyder
MIT Anne-Marie Blanc, Erwin
Kohlund, Schaggi Streuli, Ditta Oesch
PRODUKTION Praesens Film AG
DREHORTE Courgenay, Lignières,
Zürich

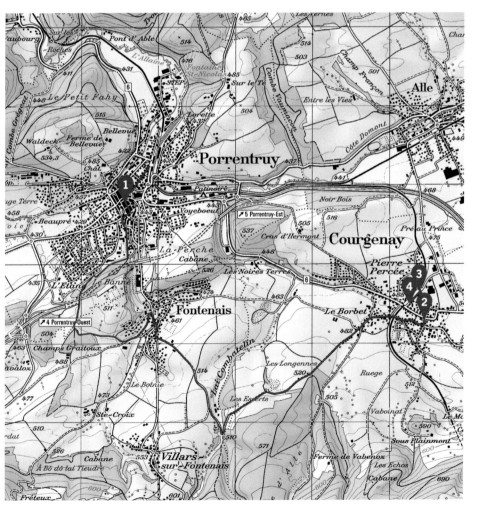

HALLUZINIEREN IN DER DRITTEN DIMENSION

Ein Ausflug zum Spitzkegeligen Kahlkopf wird für einige junge Menschen zum «One Way Trip», denn trotz Riesenlaterne finden sie den Weg hinunter nicht rechtzeitig.

Melanie Winiger hatte es gut. Sie musste für ihre Rolle keinen Text lernen. Doch sonst wird viel geredet in «One Way Trip», jedenfalls am Anfang, bis es nach und nach fast allen die Sprache verschlägt. Eine Gruppe junger Menschen packt Zelte und Proviant ein und macht sich voller Vorfreude auf die Fahrt in den Jura, denn es ist Herbst, und um diese Zeit spriesst dort der Spitzkegelige Kahlkopf, ein Magic Mushroom, ein Pilz mit berauschender Wirkung. Bevor sie an ihrem Ziel ankommen, platzt aber schon mal ein Pneu und im Wald schiesst ein Jäger knapp an einer der jungen Frauen vorbei auf ein Tier. Mit Blut im Gesicht rennt sie zu ihren Freunden zurück, da fährt der Jäger mit dem toten Tier auf einem Wagen an ihnen vorbei, auf dem Wagen eine seltsame Frau, die das tote Tier streichelt. Pilze finden sie tatsächlich und essen sie auch.

Für das, was folgt, flossen etwa 50 Liter Filmblut. «One Way Trip» ist der erste Schweizer Horrorfilm. Und es ist der erste Schweizer 3D-Film. Dafür brauchte es eine spezielle Kamera, zwei eigentlich, die so miteinander gekoppelt sind, dass sie parallel aufnehmen und damit imitieren, wie wir mit bei-den Augen sehen. «Wir haben gemerkt, dass es langweilig wird, sobald man fixe Einstellungen in 3D dreht», erklärt der Kameramann Filip Zumbrunn. Weil bei 3D schnelle Schnitte nicht gut möglich sind und sogar Kopfschmerzen verursachen können, muss also die Kamera in Bewegung bleiben. «Man muss eine Choreographie zwischen den Schauspielern und der Kamera erarbeiten. Der Regisseur Markus Welter und ich haben dafür wochenlang mit Playmobilmännchen die Situationen nachgestellt und sind mit der Kamera drum herum gefahren», erzählt Filip Zumbrunn.

Kamerabewegungen geschehen oft mit einer Steadycam, einer Art Gerüst, das eine Person trägt und sich damit frei bewegen kann. Dabei ist die Kamera an einem Tragarm befestigt. Doch die Stereokamera, die eigens für diesen Film zusammengebaut worden war, wog etwa vierzig Kilo. Sie am Körper zu tragen, hielt keiner lange durch. Also wurde der Arm an einem Dolly befestigt, einem Kamerawagen. Nun kam zusätzlich zum Gewicht der Kamera das Gewicht des Wagens und dem, der darauf sass und die Kamera bediente, und das auf drei Reifen im feuchten

Waldboden. Die 3D-Technik stellte die gesamte Equipe noch vor ein anderes Problem. Die Objektivwechsel dauerten jeweils etwa eine Stunde. Der Drehplan musste also daran angepasst werden. So wurde einen halben Tag lang weitwinklig gedreht und während des Essens dann das Objektiv gewechselt.

Achtzig Prozent der Aufnahmen für diesen Film wurden nachts und draussen gemacht. Mehr als einmal wurde bis am Morgen gedreht. Um genügend Licht zu haben, wurde eine riesige Laterne gebaut. Ein Metallgestell, sechs mal sechs Meter, überzogen mit einem Stoff, der das Licht der Scheinwerfer, insgesamt 40 000 Watt, diffus verteilte. Diese Laterne kam vor allem bei den Dreharbeiten im Jura zum Einsatz. Sie musste nur noch irgendwie aufgehängt werden. Und so stand mitten im Bois de la Chaux, südlich des Etang de la Gruère, plötzlich ein Baukran. Die Laterne konnte an dem vierzig Meter langen Kranausleger rundherum positioniert werden. Der Kran wurde so aufgestellt, dass alle Locations, der Zeltplatz, der Bach, die Waldsenke, die alle innerhalb dieses Durchmessers von achtzig Metern lagen, beleuchtet werden konnten. Nach einem heftigen Sturm verlassen die jungen Leute den Ort. Doch da fängt die Geschichte erst so richtig an.

LINKS Die Spezialkamera für den ersten Schweizer 3D-Film wiegt rund vierzig Kilo.
RECHTS Die Riesenlaterne im Bois de la Chaux war an einem Kranausleger befestigt.

Der Spitzkegelige Kahlkopf: Grund für den Ausflug in den Jura.

WANDERUNG

LES GENEVEZ – ETANG DE LA GRUÈRE – SAIGNELÉGIER

START Les Vacheries, Les Genevez
WANDERROUTE Die Laiterie bei der Haltestelle
Les Vacheries wurde zur Tankstelle . Parallel zur
Strasse innerhalb der Weiden Richtung Westen.
Bei der Gabelung rechts platzt der Pneu ❸, links
wird geschossen und Melanie Winiger hat ihren
ersten Auftritt ❷. Auf der Strasse geradeaus weiter,
ab Le Cernil auf dem Wanderweg Richtung
Etang de la Gruère. Kurz nachdem der Wanderweg
nach rechts abgebogen ist, steht man im Wald-
stück, wo die Pilze gefunden werden, die erste Attacke
erfolgt und der Sturm tobt ❹. Weiter zum
Etang de La Gruère und dann nach La Theurre.
In der Auberge de la Couronne arbeitete unter
anderem die Maske ❺. Durch Kuh- und Pferdeweiden
nach Saignelégier. Crew und Darstellende waren
in fünf verschiedenen Hotels in Saignelégier untergebracht, unter anderem im «Café du Soleil» ❻,
wo in der Freizeit auch mal ein Bier aus der lokalen
Brauerei getrunken wurde.

🕐 3 Stunden

↔ 12.6 km

↗ 158 m

↘ 211 m

ONE WAY TRIP (2011)
REGIE Markus Welter
MIT Melanie Winiger, Herbert Leiser,
Sabrina Reiter, Martin Loos
PRODUKTION HesseGreutert Film AG
DREHORTE Saignelégier, Les Genevez,
Jurafahrt (La Heutte, Gorges
du Pichoux, Souboz, St-Ursanne,
Tramelan), Pieterlen, Zürich,
Schloss Rued

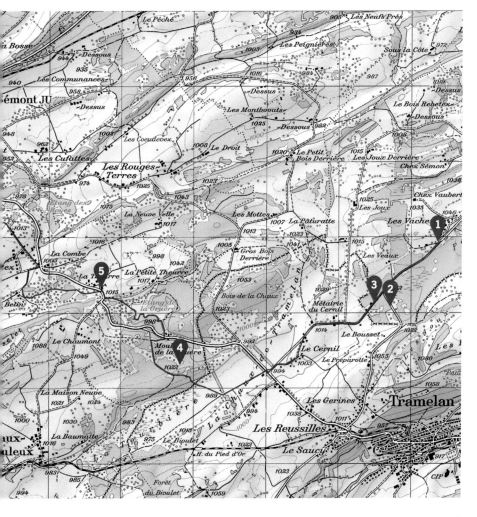

DER MIT DEM WOLF JOGGT

«Dinu» ist so etwas wie der Rocky von der Lenk. Für den Film kam er ganz schön ins Schwitzen, bis er das richtige Format hatte.

Zwei Filmrollen an einem Tag. So kann es gehen. Jonathan Loosli bewarb sich an einem Casting für eine Rolle im neuen Dällebach-Kari-Film, als er gefragt wurde, ob er sich nicht auch für «Dinu» vorstellen möchte. Eigentlich war er zu alt. Eigentlich hatte er keine Ahnung vom Schwingen. Eigentlich waren sich Regisseur und Produzenten noch nicht einmal sicher, ob sie überhaupt einen Schauspieler für die Rolle wollten oder nicht vielleicht doch besser einen richtigen Schwinger. Doch der Berner hat sie mit seiner Sprache und seiner Art zu reden überzeugt.

Dinu ist ein Bauernsohn von der Lenk. Sein grosser Traum: Schwingerkönig werden. Doch da gibt es Widerstände. Seinen Vater etwa, der ihn so gar nicht unterstützt, weder bei seinem Traum noch im Alltag. Oder der Futtermittelfabrikant, der ihn Überstunden machen lässt, damit er weniger zum Trainieren kommt, denn dessen Sohn Karl ist Dinus grösster Konkurrent. Als sie an einem lokalen Schwingfest gegeneinander kämpfen, erleidet Dinu einen Kreuzbandriss. Eine schwere Zeit. Vor seinem Unfall war er beim Joggen einem Wolf begegnet. Nun erscheint ihm dieser Wolf im Traum. Er joggt mit ihm nackt durch den nebligen Wald. Ein Zeichen? Er rappelt sich auf, lernt eine Frau kennen, die neu zugereiste Tierärztin, und nimmt das Training wieder auf. Und er sieht es schliesslich genau wie Rocky: Eine Niederlage ist manchmal auch ein Sieg.

Jonathan Loosli hatte Glück, dass der Film um ein Jahr verschoben wurde. So hatte er Zeit, sich auf seine Rolle als Schwinger vorzubereiten. Nicht dass er komplett unsportlich gewesen wäre. Als Jugendlicher hatte er Eishockey und Basketball gespielt. Doch das war schon eine Weile her. Wie Silvester Stallone musste auch er hart für die Rolle arbeiten. Er bekam einen persönlichen Trainer, stellte die Ernährung um und begann, Muskeln aufzubauen. «Ich wäre vorher niemals auch nur auf die Idee gekommen, in einen Kraftraum zu gehen», sagt der Mitdreissiger. Doch das Ziel hat ihn gereizt. In einem Jahr legte er fünfzehn Kilogramm zu und sah zunehmend so aus, wie man sich einen Bösen vorstellt. Das Schwingen lernte er vom ehemaligen Spitzenschwinger Roger Brügger. Münger-Murx, Gammen, Kurz und Hüfter waren für ihn bald keine Fremdwörter mehr.

«Dinu» war sein erster Film. Bis dahin war der ausgebildete Schauspieler am Theater tätig. Anders sei es, meint er: «In einem Theaterstück übt man zwar im Voraus, doch am Tag des Auftritts muss die Szene im ersten Anlauf klappen.» Nicht so im Film. Früher

vielleicht, als das Filmmaterial noch teurer war. Heute wiederholt man die Szene einfach so lange, bis der Regisseur zufrieden ist. «Da muss man aufpassen, dass man die Spannung aufrechterhält», erklärt er. Für die Szene, in der er mit dem Wolf nackt durch den Wald joggt, brauchte es einen ganzen Tag, bis Jogger und Wolf parallel durch den Nebel liefen. Für einmal war nur ein sehr kleines Team anwesend. Bei Nacktszenen wird darauf geachtet, dass wirklich nur die unbedingt notwendigen Crewmitglieder dabei sind. Und der Wolf war übrigens kein Wolf, sondern ein Wolfshund.

Für einen Filmdreh eher aussergewöhnlich war, dass das Filmteam während der ganzen Drehzeit am gleichen Ort wohnte. Alle Drehorte waren von da aus erreichbar. Das trug nicht nur zur guten Stimmung bei, es schuf auch eine Beziehung zum Dorf. Jonathan Loosli war jedenfalls seither schon öfter mit seiner Familie in der Gegend unterwegs. Für Simon Aeby, den Regisseur, nichts Neues. Er verbringt schon seit vielen Jahren die Ferien in der Lenk.

Hauptdrehort war der Hediger-Hof auf der Iffigenalp, in Wirklichkeit eine Alphütte, aber keine typische, wie man sie in dieser Höhe erwarten würde. 1950 brannte das alte Haus vollständig ab und wurde neu und grösser aufgebaut. Die Zimmer sind höher als in einer traditionellen Alphütte, so dass

Roger Brügger beobachtet Dinu und Karl. Der grüne Hintergrund wird später ersetzt.

die Kameras und Scheinwerfer darin Platz fanden.

Der Film-Hof soll ja auch keine Alphütte darstellen, sondern einen richtigen Bauernhof. Darum musste auch ein Garten her – auf 1600 Metern Höhe. Nun denn, wenn es so gewünscht wird. Die Aussenrequisite, die Leute also, die im Vorfeld eines Drehs alles an Beweglichem besorgen, das dem Ort mehr Echtheit verleiht, und es nachher notabene auch wieder wegräumen, schafften drei grosse Hertz-Busse voller Gartenmaterial herbei: Fenchel, Lauch, Tomatenstauden, kleine Bäume, Brombeeren, Clematis, Salat und alle Blumen, die im Herbst noch blühten, teils gekauft, teils ausgeliehen, und das meiste gleich im Topf belassen, Pflanzen, die auf dieser Höhe normalerweise nicht gedeihen. Dazu säckeweise Erde. Zusammen mit der Baubühne, den Handwerkern am Set, bauten sie einen Garten mitsamt Gartenzaun und Sitzplatz auf. Keine aussergewöhnliche Aufgabe, sagt Teammitglied Sara Weingart: «Bei uns ist kein Auftrag wie der andere. Routine gibt es nicht.»

Im Film scheint der Hediger-Hof einsam dazustehen. Tatsächlich aber liegt direkt daneben ein Ausflugsrestaurant mit Parkplatz und Postautohaltestelle. Willi Schwarz ist seit fast dreissig Jahren Senn auf der Iffigenalp. Während der Dreharbeiten konnte er aber nicht im Haus wohnen, es war anderweitig belegt, und so dislozierte er ins Gasthaus nebenan. Doch als die neue Tierärztin kam und eine Kuh in den Klauenstand musste, war er dabei. X-Mal musste es wiederholt werden. Eine aufwendige Sache, das Filmen, meint er. Er war auch dabei, als Dinu eine seiner Kühe melken musste. Sie habe schon ein bisschen schräg geguckt, und Milch sei keine gekommen. Vielleicht die Aufregung.

Jonathan Loosli wohnt in Bern und lebte auch mehrere Jahre in Berlin, aufgewachsen ist er jedoch in Rüeggisberg und kennt daher das bäuerliche Umfeld. Dass aber ein städtischer Theaterschauspieler am Eidgenössischen Schwing- und Älplerfest in Burgdorf von vielen erkannt und mit Handschlag begrüsst wird, ist eher aussergewöhnlich. Die Erklärung: «Dinu» hatte wenige Tage vor Beginn des Eidgenössischen 2013 Fernseh-Premiere. Und Dinu hat ja am Eidgenössischen seinen grossen Kampf. Genau wie Rocky kann er sich einer grossen Herausforderung stellen. «Rocky» war für amerikanische Verhältnisse eine Low-Budget-Produktion. Die Produzenten hatten offenbar nicht genug Geld, um die grosse Boxhalle mehr als einen Tag mit Statisten zu füllen. So ist der Hintergrund bei manchen Kampfszenen einfach schwarz. Für «Dinu» wurde das anders gelöst. Sein Entscheidungskampf wurde vor einem Greenscreen gedreht, einem grünen Hintergrund, der, vereinfacht gesagt, anschliessend am Computer durch einen anderen Hintergrund ersetzt wurde. In diesem Fall durch die Fernsehbilder vom Schwingfest 2010 in Frauenfeld. Drei Jahre später, in Burgdorf, wurde übrigens Matthias Sempach Schwingerkönig, eine Woche nach der Erstausstrahlung von «Dinu». Und als hätten sie es geahnt – Dinus Filmkampf endet mit einem Sempach-Spezial.

OBEN Auf 1600 Metern Höhe wurde eigens ein Garten angelegt.
UNTEN LINKS Dinu arbeitet hart für sein Ziel.
UNTEN RECHTS Die neue Tierärztin kümmert sich um die kranke Kuh.

WANDERUNG

IFFIGENALP – LANGERMATTE – REZLIBERG – LENK

DINU (2013)
REGIE Simon Aeby
MIT Jonathan Loosli,
Esther Gemsch, Peter Freiburghaus,
Hanspeter Müller-Drossaart
PRODUKTION SRF, Turnus Film AG,
Catpics AG
DREHORTE Lenk, Matten, Saanen,
Rellerlialp Schönried, Blankenburg,
Oey-Diemtigen, Erlenbach,
Gerzensee, Thun

START Iffigenalp
WANDERROUTE Der Filmbauernhof der Familie
Hediger steht direkt neben dem Berghaus Iffigenalp
❶. Dort oben wurde auch der Garten angelegt.
Von dort via Langermatte und Rezliberg Richtung
Simmenfälle. Ab Gasthaus Rezlibergli mehr oder
weniger dem Lauf der Simme folgen. Bei der Barbara-
brücke sieht man Dinu joggen ❷. Vom Restaurant
Simmenfälle aus der Simme entlang Richtung Lenk.
Beim nächsten Wegweiser links der Simme
bleiben, den Iffigbach überqueren und gleich danach
rechts durch das Wäldchen. Auf diesem Weg joggt
Dinu mit dem Wolf im Nebel ❸. Nach dem Wäldchen
links wieder auf den Wanderweg nach Lenk.
Beim Sportzentrum wurden die Greenscreen-
Aufnahmen gemacht ❹. Weitere Drehorte:
Lenkerhof ❺, Anfang der Lenkstrasse und im und
um den ehemaligen Löwen, Lenkstrasse 12,
heute ein religiöses Zentrum ❻.
ABKÜRZUNG Bus Simmenfälle Lenk

🕐 4 Stunden

↔ 13.5 km

↗ 330 m

↘ 844 m

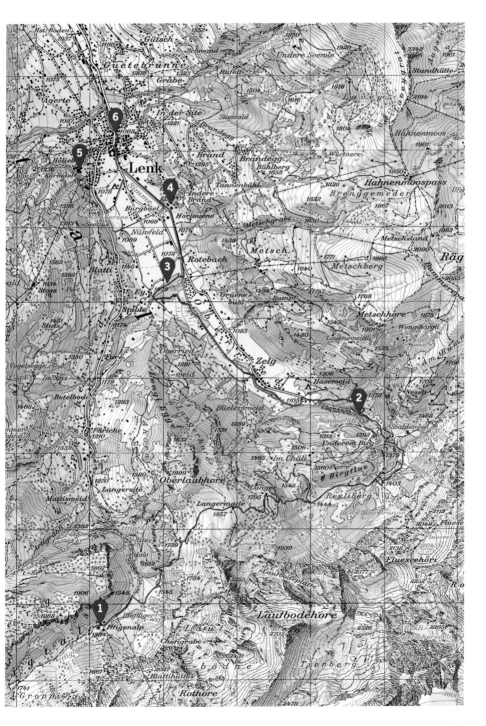

AKADEMISCHE BODYGUARDS UND MAGISTRALER BESUCH

In «Via Mala» ist die Landschaft karg und feindlich,
in «Das vergessene Tal» grün und friedlich, doch beide wurden
am gleichen Ort gedreht.

Jonas Lauretz fährt mit seinem Fuhrwerk durch die Schlucht. Er treibt sein Pferd an und stoppt auch nicht, als sein Sohn auf der schmalen Brücke steht. Lauretz, der Tyrann, der seine Frau und seine älteren Kinder quält, der seine jüngste Tochter abgöttisch liebt, der wegen einer Schlägerei ins Gefängnis muss, der zurückkommt und noch schlimmer ist als vorher. Der Roman von John Knittel spielt eigentlich in der Via Mala im Graubünden. Regisseur Tom Toelle drehte für seinen TV-Dreiteiler «Via Mala» aber an einem anderen Ort, rau wie der Sägereibesitzers selber. So sieht man nun Mario Adorf als Lauretz durch die Schlucht, die sich die Kander geschaffen hat, hinauf ins Gasterntal fahren. Die Fahrt durch Felsengalerien und über die Chlusenbrücke wird dramatisch untermalt von der Musik, die der bekannte Film-Komponist Ennio Morricone für diesen Film geschrieben hat. Das Wohnhaus und die Sägemühle, die Lauretz betreibt, wurden auf einem Schuttfächer nahe einer Felswand aufgebaut. Keine gute Idee.

Ein Doktorand der Versuchsanstalt für Wasserbau, Hydrologie und Glaziologie der ETH Zürich hatte sich in seiner Arbeit gerade mit Gletscherabbrüchen befasst, und sein Modell zeigte, dass sowohl das Wohnhaus als auch die Sägemühle direkt im Gefahrenbereich lagen, sollte es am Balmhorngletscher zu Eisabbrüchen kommen. Gletscherabbrüche, die bis ins Tal hinunter drangen, waren an der Stelle auch schon mehrfach beobachtet worden. Der Weg zur Balmhornhütte war deswegen gerade unpassierbar. Im ETH-Institut war man sich uneinig. Ist es für die Dreharbeiten zu gefährlich oder ist es kontrollierbar?

Hans Röthlisberger, ein erfahrener Glaziologe, erstellte ein Gutachten, und die Produktionsfirma engagierte den ETH-Professor, um den Gletscher während der ganzen Drehzeit zu überwachen. Verschiedene Wissenschaftler wechselten sich bei dieser Arbeit ab. Bernard Ott war einer von ihnen. Er wurde mit dem Helikopter zur Balmhornhütte hinaufgeflogen und blieb dort, bis er abgelöst wurde. Jeden Tag machte er sich auf zum Gasternspitz und mass von dort aus stündlich die Markierungen ein, die Röthlisberger vorab auf dem Gletscher angebracht hatte. «Jede Veränderung hätte bedeutet, dass sich der Gletscher bewegt und somit akute Gefahr für die Filmleute besteht», erklärt er. Für diesen Fall hatte er ein Funkgerät bei sich. Er musste es nie benutzen.

Mario Adorf schien das alles nicht weiter zu beunruhigen. Wenn er gerade nicht gebraucht wurde, suchte er sich in der Umgebung des Drehorts ein schönes Stück Holz und schnitzte in aller Seelenruhe daran herum. Ob er so ruhig geblieben wäre, wenn er gewusst hätte, dass kurz nach der Erstausstrahlung des Films tatsächlich eine Eislawine bis ins Tal hinunterstürzte?

Fünf Jahre später wurde fast am gleichen Ort wieder ein Film gemacht. Clemens Klopfenstein drehte im Auftrag des Schweizer Fernsehens den Film «Das vergessene Tal», die Geschichte einer Flüchtlingsgruppe, die in einem versteckten Tal lebt. Ein Geologe, der mit Sondierungsarbeiten für einen neuen Bahntunnel beschäftigt ist, stürzt mit seinem Gleitschirm ab und landet in einem Tal, das mysteriöserweise auf keiner Karte eingezeichnet ist, ein grünes Tal, rundum eingeschlossen von steilen Felswänden. Zuerst stösst er auf Ablehnung und muss sich sogar verstecken, dann versammeln sich die Flüchtlinge im Wald und nehmen ihn in ihrer Mitte auf, obwohl er eigentlich gar nicht bleiben möchte. Doch wo ist der Ausgang aus dem Tal?

LINKS OBEN Das Pferd kennt den Heimweg am Wildelsigfall vorbei.
RECHTS OBEN Die Geschwister vor dem Wasserrad der Sägemühle.
LINKS UNTEN Mario Adorf ist ein jähzorniger Vater.
RECHTS UNTEN Haus und Sägemühle wurden unterhalb des Gletschers aufgebaut.

Für die Dreharbeiten wurde beim Balmhornbach ein kleines Dorf errichtet, doch so nahe an die Bergflanke wie in «Via Mala» durfte nicht gebaut werden. Zu gefährlich, hiess es nun, doch dafür bekommt man den Balmhorngletscher in diesem Film auch mal zu Gesicht. Statt des Gletschers machten nun aber Bach und Wasserfall Probleme. Der Film sollte ohne nachträgliches Synchronisieren auskommen, denn das war teuer. Die Kosten, die dann gerade deswegen entstanden, waren aber womöglich höher. Bach und Wasserfall machten einfach zu viel Krach, wie sich nach Beginn der Dreharbeiten herausstellte. So entschied man sich, zum Wildelsigfall hin einen Lärmschutz zu errichten. Schwieriger war es beim Bach. Doch auch da fand sich eine Lösung, wenn auch eine etwas aufwendige. Jeden Morgen wurde er umgeleitet, so dass er nicht mehr direkt beim Filmdorf vorbeifliessen konnte. Erst gegen Ende des Films sieht man ihn in seinem ursprünglichen Bett.

Der Wasserfall erwies sich noch für eine andere Szene als Spielverderber. Der Geologe will mit seinem Gleitflieger von einer leichten Erhöhung aus starten und dann die Aufwinde nutzen, um wegzukommen, denn das Filmtal hat ja keinen Ausgang. Das sollte auch genau so gedreht werden, doch dieser Plan misslang gründlich, denn beim Wasserfall ist die Luft kalt, da gibt es keine warmen Aufwinde, einleuchtend, wenn man darüber nachdenkt. «Die Realität ist immer anders als im Drehbuch», räumt Clemens Klopfenstein ein. So musste umdisponiert werden. Der Gleitschirmflieger startet zwar im Film tatsächlich vom Tal aus, aber in Wirklichkeit war es eine Landung. Abgesprungen war er ziemlich genau oberhalb des Drehortes, auf einem kleinen Plateau, wo der Helikopter landen konnte.

Das Gasterntal ist ein Tal mit vielen Gesichtern: steile Felshänge, tosende Wasserfälle, Lawinen und Steinschlag, aber auch Flussufer, die zum Verweilen einladen, liebliche Auen und seltene Orchideen. Doch schon am folgenden Tag kann alles anders aussehen, wie etwa im Jahr 2011, als ein Hochwasser innert Stunden Schutt und Geröll anhäufte, den Flusslauf änderte, Brücken wegriss und Strassen zerstörte.

Clemens Klopfenstein kannte das Gasterntal seit seiner Kindheit und war oft mit seinem Vater in der Gegend unterwegs gewesen. Er hätte gerne schon früher einen Film in dem Tal gedreht. Den geplanten «Tatort» musste er dann aber an einem anderen Ort realisieren, doch für dieses Projekt klappte es nun, und auch für einen späteren Film kehrte er wieder zurück. «Das Schweigen der Männer», diese Reise durch die Welt mit Polo Hofer als Schauspieler, startet im Gasternholz, genau dort, wo auch die Waldszenen für «Das vergessene Tal» entstanden sind. Ganz in der Nähe schlug der Geologe mit seinem Gleitschirm auf.

Ein anderer Gasterntal-Fan liess es sich nicht nehmen, die Dreharbeiten zu besuchen. Der damalige Bundesrat Adolf Ogi war dabei, als der Geologe aus seiner Ohnmacht erwacht und die Augen aufschlägt. Sein erster Blick fällt auf einen Bergmolch, der auf einem Ast neben ihm sitzt. Der kleine Talbewohner hatte sich ganz von selber in Szene gesetzt. «Klar, dass man sich so was nicht entgehen lässt», meint der Regisseur.

OBEN Regisseur Clemens Klopfenstein vor seinem Filmdorf.
UNTEN Die alte Frau trauert, im Hintergrund der Wildelsigfall.

WANDERUNG

KANDERSTEG – WALDHAUS – BALMHORNBACH – SELDEN

START Talstation Kandersteg – Sunnbüel
WANDERROUTE Richtung Waldhaus oder alternativ
auf der Strasse durch Felsgalerien ❶ und über
die Chlusenbrücke ❷, wo der Sägereibesitzer Lauretz
auf seinem Pferdewagen durchfährt. Beim
Waldhaus Richtung Selden. Rechts spielen die
Waldszenen ❸ und Polo Hofer startet seine
Reise, und links erwacht der Geologe nach seinem
Absturz ❹. Beim Wegweiser «Reh» dem Sträss-
chen rechts folgen, bis der Weg endet. Dort wurden
das Dorf in «Das vergessene Tal» ❺ und die
Sägemühle in «Via Mala» ❻ aufgebaut. Vis-à-vis
hat sich der Geologe versteckt ❼. Zurück zum
Wegweiser «Reh» und weiter nach Selden. Dort durfte
sich das Wasserrad aus «Via Mala» noch zwanzig
Jahre weiterdrehen ❽. Privatbus Selden–Kandersteg
(Reservierungspflicht).
BESONDERES Unter dem Balmhorngletscher
besteht nach wie vor Gefahr durch Eisabbrüche.

🕐 3 Stunden

↔ 8.6 km

↗ 377 m

↘ 29 m

VIA MALA (1985)
REGIE Tom Toelle
NACH einem Roman von John Knittel
MIT Mario Adorf, Sissy Höfferer,
Dominique Pinon, Fritz Eckhardt
MUSIK Ennio Morricone
PRODUKTION MR-Film, Iduna Film,
Progéfi, ZDF
DREHORTE Gasterntal, Turtmann,
Turtmanntal, Lötschental, Leuk

DAS VERGESSENE TAL (1990)
REGIE Clemens Klopfenstein
MIT Corinna Kirchhoff,
Erwin Kohlund, Trude Breitschopf,
Roland Schäfer, Hanns Zischler
MUSIK Ben Jeger
PRODUKTION SRG, NDR
DREHORTE Gasterntal, Beatushöhle,
Kandersteg, Frutigen, Bern

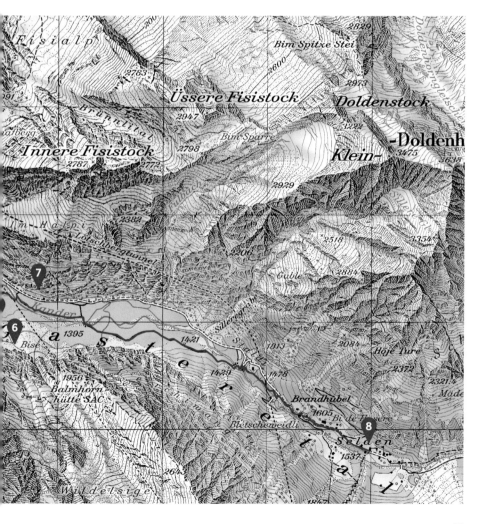

NICHT OHNE MEINEN KOCH

In «Tandoori Love» prallen Kulturen aufeinander, und die Dreharbeiten beweisen, dass die Geschichte nicht aus der Luft gegriffen ist.

Es musste ja so kommen. Bei den vielen Bollywood-Filmen, die im Berner Oberland gedreht werden, war es nur eine Frage der Zeit, bis die Liebe zwischen einem Inder und einer Oberländerin einschlägt. Der indische Strassenkoch Rajah ist engagiert, um für die Hauptdarstellerin im neuen Bollywood-Film zu kochen. Sonja ist verlobt mit dem Wirt vom «Hirschen» und arbeitet in seinem Restaurant. Ausgerechnet in einem Supermarkt treffen sie aufeinander. Dabei hat es im Berner Oberland doch idyllische Kulissen genug.

Eine solche Kulisse hat sich die indische Hauptdarstellerin ausgesucht. Sie will es während der Dreharbeiten haben wie Heidi. Eine Alphütte, Berge, Geissen. Die heissen übrigens wie im Heidi-Film Schwänli und Bärli und sind geübte Darsteller. Sie haben schon auf der Thuner Seebühne ihr Bestes gegeben. Für Miss Priya wird die Hütte auf der Mittelbergalp neu eingerichtet. Eine Menge Material muss hochgetragen werden, und ein Himmelbett kommt extra mit dem Helikopter angeflogen. Heidi gut und schön, doch ein wenig Komfort muss schliesslich sein. Dazu gehört auch der eigene Koch, der mitten auf der Alp vor Eiger, Mönch und Jungfrau sein buntes Küchenzelt aufstellt und mit so viel Hingabe kocht,

dass man das Essen zu riechen meint. Doch dann lässt er seine Pflichten Pflichten sein, verschwindet und beginnt, sozusagen inkognito im «Hirschen» zu kochen, um der Frau seiner Träume nahe zu sein. Bald tanzen nicht nur die Esswaren, sondern auch Jodler und Kühe.

Miss Priya findet es gar nicht lustig, dass sie nicht mehr über ihren Privatkoch mit seinen kulinarischen Köstlichkeiten verfügen kann. Als sie auf dem Jungfraujoch, das man übrigens von der Mittelbergalp aus sehen kann, tanzen soll, streikt sie. Kein indisches Essen, keine Performance. So einfach ist das. Der Produzent reist eigens aus Bombay an, um sie zum Weitermachen zu bewegen, doch sie bleibt hart. Also muss der Koch wieder her. Doch wo ist er bloss?

Shweta Agarwal, die Miss Priya spielt, war mit Mutter und Tante aus Indien angereist. Die beiden liessen die junge, hübsche Schauspielerin nie aus den Augen, weder am Set, noch in der Freizeit. Auch im Film kommt die Mutter der jungen indischen Darstellerin mit zu den Dreharbeiten und lebt mit ihr auf der Alp. Das scheint also durchaus üblich zu sein. Die indischen Stars und ihre Begleitung taten sich, genau wie im Film, auch schwer mit dem hiesigen Essen. Am Mittag liessen sie sich das Essen aus einem indischen Restaurant in Interlaken liefern, und abends wurde sowieso dort getafelt. Einer der indischen Mitarbeiter stellte sich in dem Lokal sogar selber an den Herd und kochte so gut, dass sie ihn gleich behalten wollten. Mit der Zeit trauten sich einige der Inder dann doch, das zu essen, was der Caterer in seiner mobilen Küche oben auf der Alp gekocht hatte, und fanden es wohl gar nicht so schlecht, auch das wie im Film.

Das Problem mit dem Essen kennen auch Tourismusfachleute. Während es die Touristen aus anderen Ländern vergnüglich finden, einmal so seltsame Dinge wie Fondue oder Älplermagronen zu probieren, bleiben die indischen Reisenden gerne beim vertrauten Essen. Manche Reiseveranstalter nehmen mobile Küchen und einen Koch mit, und auf dem Jungfraujoch gibt es ein Restaurant Bollywood. Die Zahl der indischen Ferienreisenden hat in der Schweiz stark zugenommen. Während sie im Jahr 1995 nur rund 90 000 Logiernächte buchten, waren es im 2014 schon fast eine halbe Million. Mit ein Grund: die Bollywood-Filme. Vor allem in den 1990er Jahren entstanden viele Bollywoodfilme vor einer Schweizer Kulisse. Seither ist die Zahl der Produktionen zwar merklich zurückgegangen, doch es hat gereicht, um beim indischen Publikum das Bild der Schweiz zu prägen. Rund sechzig Prozent gaben bei einer Befragung an, dass dies mit ein Grund sei, die Schweiz zu besuchen. Einige suchen auch ganz gezielt die Drehorte ihrer Lieblingsfilme auf.

Etwas, das in indischen Filmen allerdings nie vorkommt, sind Küsse. In Indien wird in der Öffentlichkeit nicht geküsst. Im Drehbuch des Schweizer Films war aber eine Kussszene vorgesehen. Vijay Raaz, der vielbeschäftigte indische Star, der mehrere Filme pro Jahr dreht, stand vor einer ernsthaften Herausforderung.

Das Filmteam wohnte in Interlaken. Alle zusammen im gleichen Hotel. Dass hierzulande alle am selben Ort wohnen und am gleichen Tisch essen, Fahrer, Techniker, Produzenten, Schauspielerinnen und Schauspieler, war für die Inder eher ungewöhnlich, und auch, dass alle zusammen feierten, wenn es was zu feiern gab. Und das gab es oft. Sie staunten auch darüber, dass eine Frau die Kamera führte. Doch fast am meisten Mühe machte ihnen etwas anderes, erinnert sich die Produzentin Valerie Fischer, nämlich, sich auf der Alp einfach ins Gras zu setzen.

Ein Himmelbett für Heidi.

Der Koch stellt seine Küche mitten auf der Alp auf.

WANDERUNG

GRÜTSCHALP – BLETSCHENALP – CHÄNELEGG – MITTELBERG – WINTEREGG

TANDOORI LOVE (2008)
REGIE Oliver Paulus
MIT Lavinia Wilson, Vijay Raaz,
Shweta Agarwal, Martin Schick
PRODUKTION Cobra Film AG u. a.
DREHORTE Mittelberg Mürren,
Diemtigen, Oey, Erlenbach, Thun,
Gunten, Goldswil, Unterseen,
Wilderswil, Vierwaldstättersee, D, A

START Grütschalp
WANDERROUTE Bei der Grütschalp den Wanderweg
auf die Bletschenalp nehmen (manchmal mit
P geschrieben). Am Anfang kurz auf dem breiten
Kiesweg Richtung Mürren, dann zweigt der
Weg ab und es geht zunächst durch den Wald ziemlich steil hinauf. Nach etwa 45 Minuten wird
es flacher. Auf dem Höhenweg immer Richtung
Allmendhubel. Am Fuss des Allmendhubels
nach links und kurz darauf wieder links ins Naturschutzgebiet Chänelegg. Am Rand des Hoch-
moors entlang und durch ein Wäldchen hinunter zur
Mittelbergalp. Bei der Alphütte, die man als erste
sieht, wurde gedreht ❶. Dort kommt das Himmelbett angeflogen, wohnt die Hauptdarstellerin,
keucht der Produzent hinauf und hat der Koch sein
Küchenzelt aufgestellt. Von dort hinunter zur
Station Winteregg.

 $2^1/_2$ Stunden

 7,5 km

↗ 488 m

↘ 401 m

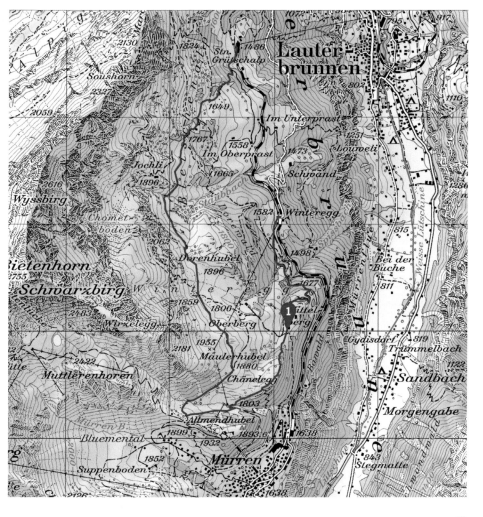

WAHRE DRAMEN IN FILM UND WIRKLICHKEIT

Clint Eastwood lernte für «The Eiger Sanction» klettern.
«Nordwand» zeigt, dass dieses Können manchmal auch nicht hilft.

«Ein flotter Typ, und gar nicht eingebildet.» So hat ihn Andreas von Almen in Erinnerung. Er nahm jede Gelegenheit wahr, auf die Kleine Scheidegg hinaufzufahren, um Clint Eastwood zu sehen. Der Westernheld war ihm natürlich ein Begriff. Seine Tante führte damals das Hotel Bellevue des Alpes, wo die Filmequipe wohnte, und so durfte er den Filmstar kennenlernen. Ein grosser Mann. Er überragte seine Tante mindestens um einen Kopf. Und ein gut aussehender Mann. Doch nicht nur das: «Clint Eastwood ist eine Persönlichkeit und hat Ausstrahlung. Sein Erfolg kommt nicht von ungefähr.» Auch die beiden Schauspielerinnen Heidi Brühl und Vonetta McGee waren für einen neunzehnjährigen Gymnasiasten wohl nicht ganz ohne.

Die Dreharbeiten für «The Eiger Sanction», Deutsch «Im Auftrag des Drachen», begannen am 12. August 1974. Clint Eastwood hatte sich im Vorfeld Basiskenntnisse für Bergsteiger angeeignet und wochenlang geübt. Natürlich wollte er die Kletterszenen selber machen. Mit am Set war auch eine ganze Reihe erfahrener Bergsteiger. Manchmal konnten sie mit der Jungfraubahn zum Drehort fahren, manchmal mussten sie von einem Helikopter aus abgeseilt werden.

Der Kunstprofessor und Kunstliebhaber Jonathan Hemlock, früher Killer für eine staatliche Geheimorganisation, wird wieder aktiviert, um zwei Männer zu eliminieren, die einen Geheimagenten getötet haben. Der Getötete war ein alter Freund von ihm. Der eine ist schnell gefunden. Der andere ist unbekannt. Er soll bald an einer Eigerbesteigung teilnehmen, und er soll hinken. Das ist alles, was Hemlock über ihn weiss. So bereitet er sich auf die Expedition vor. Sein Plan: Der zweite Mann bekommt seine Strafe, seine «sanction», am Eiger.

Schlechtes Wetter, Temperaturstürze, Steinschläge, bröckeliges Gestein, die Dreharbeiten waren schwierig, und schon am zweiten Tag überschattete ein schlimmer Unfall die Dreharbeiten: David Knowles wurde von einem Stein tödlich getroffen, genau an dem Ort, an dem Clint Eastwood wenige Minuten vorher gestanden war. Dave Knowles war Mitarbeiter der International School of Mountaineering in Leysin. Vom gleichen Institut waren noch mehrere andere Mitarbeiter engagiert, als Berater und Doubles, unter anderen der damalige Leiter der Schule, Dougal Haston.

Er hatte schon früher einen guten Freund am Eiger verloren. 1966 suchte er zusammen mit John Harlin, dem Gründer der Schule, eine neue Route durch die Eiger-Nordwand. John Harlin stürzte dabei ab..

Knowles' Tod bedrückte alle am Set, doch die Dreharbeiten von «The Eiger Sanction» wurden fortgesetzt. Gedreht wurde an verschiedenen Stellen in der Eiger-Nordwand, direkt am Fuss der Wand, am Rotstock, einer Art «Wand in der Wand», beim Stollenloch und am westlichen Rand. 1988 wurde sogar eine neue Route nach dem Film benannt, weil sie am Westgrat ungefähr an der Stelle endete, wo sich Clint Eastwood vom Seil schneiden musste. Gedreht wurde aber auch im und um das Hotel Bellevue des Alpes auf der Kleinen Scheidegg. Im Salon lernt der Protagonist die Männer der Seilschaft kennen, unter denen er den Mörder seines Freundes vermutet, in der Teeveranda sitzen sie später zusammen, und von den Terrassen aus wird die Expedition beobachtet.

Seit 1998 führt Andreas von Almen das Hotel in fünfter Generation. «Wir haben viel investiert, damit es so aussieht wie früher», betont der Hoteldirektor. In der Teeveranda sind die Sitze jetzt zwar rot; als Clint Eastwood darauf sass, waren sie noch grün, und im Salon, den seine Grosseltern in den 1920er Jahren eingerichtet hatten, musste der eine oder andere Sessel neu gepolstert werden, doch ansonsten ist alles noch genau so, wie es zur Zeit der Dreharbeiten war. Einige Fotos im Gang erinnern noch daran.

Clint Eastwood hatte offenbar ab und zu ein wenig Zeit, die Gegend zu geniessen, und dabei lernte er auch einige der Alpbewohnerinnen näher kennen. Auf der Kleinen Scheidegg traf er auch auf Reinhold Messner. Der durchstieg während der Dreharbeiten die Eiger-Nordwand in nur zehn Stunden und stellte mit seinem Seilkollegen Peter Habeler einen neuen Rekord auf, der dreissig Jahre lang Bestand haben sollte. Der bekannte Bergsteiger liess es sich nicht nehmen, mit Clint Eastwood für ein Foto zu posieren. Oder vielleicht war es ja auch umgekehrt. Das Hotel Bellevue des Alpes ist ein Treffpunkt für internationale Bergsteiger. Luis Trenker war da, nicht nur für die Dreharbeiten von «Sein bester Freund», Heinrich Harrer liess sich öfter einmal einladen, John Harlin war ein Freund des Hauses, und Andreas Heckmair, der fast hundert Jahre alt wurde, kam, nachdem er 1938 als Erster erfolgreich die Nordwand bezwungen hatte, bis ins hohe Alter immer wieder in das historische Hotel auf der Kleinen Scheidegg.

Toni Kurz und Andi Hinterstoisser kamen allerdings mit dem Zelt, als sie sich 1936 anschickten, den Wettlauf um die Nordwand-Erstdurchsteigung zu gewinnen. Am 18. Juli stiegen sie in die Wand ein und kamen zügig voran. Hinterstoisser überwand eine dreissig Meter breite Felsplatte und spannte ein Seil, das es der Seilschaft ermöglichte, die Stelle problemlos zu queren. Danach zogen sie das Seil ab. Schlechtes Wetter und ein verletzter Kollege zwangen sie zwei Tage später zur Umkehr, doch das Seil war weg, die Wand vereist. Dieser Rückweg war versperrt. Sie seilten sich auf einer riskanten Route ab und wurden prompt von Steinschlag und Lawinen getroffen. Toni Kurz war der Einzige, der, im Seil hängend, überlebte. In Sicht- und Rufweite der Retter gelang es ihm aber nicht, sich zu ihnen abzuseilen.

Dieses Drama wurde in «Nordwand» verfilmt. Um sich auf den Dreh vorzubereiten, kamen die Hauptdarsteller schon im Frühling 2007, einige Wochen vor Drehbeginn, auf die Kleine Scheidegg. Benno Fürmann, Florian Lukas, Johanna Wokalek und Ulrich Tukur wollten sich in die Atmosphäre vor Ort hineinfühlen. Ulrich Tukur sorgte auch noch selber für Atmosphäre und setzte sich in der Bar des Hotels Bellevue des Alpes ans Klavier. Die Innenaufnahmen für «Nordwand» fanden aber nicht dort statt, nur die Aussenaufnahmen. Von der Terrasse aus beobachteten angereiste Journalisten und Touristen die Seilschaft in der Wand.

Benno Fürmann als Toni Kurz und Florian Lukas als Andi Hinterstoisser kletterten aber nicht in der Nordwand selber, sondern rund um den Klettersteig beim Rotstock, wo seinerzeit auch schon Clint Eastwood unterwegs war. Schon vor den eigentlichen Dreharbeiten war beim Stollenloch und am Westrand des Eigers, beim sogenannten Genfer Pfeiler, gedreht worden, wie dreissig Jahre früher auch, allerdings diesmal nicht mit den Schauspielern, sondern mit erfahrenen Bergsteigern als Doubles. Sie trugen dafür zwar historische Kleidung, darunter aber eine moderne Kletterausrüstung.

Für «Nordwand» waren nicht nur einheimische Bergführer engagiert worden. Bei der Ankunft des Zugs auf der Kleinen Scheidegg griffen auch rund sechzig Statisten aus der Region zu ihren Koffern und strebten dem nahegelegenen Hotel zu. Es war Ende Mai und schon ziemlich warm. In ihren historischen Kostümen aus Schurwolle kamen manche ganz schön ins Schwitzen, als sie stundenlang im Zug sitzen und später nochmals stundenlang an der Sonne warten mussten. Anders die Schauspieler. Die sollten noch tüchtig frieren. Die Nahaufnahmen der Bergsteiger in Eis und Schnee wurden nämlich in einem zum Studio umfunktionierten Kühlhaus in Graz gedreht. «Da erzählt jeder Atemhauch und jede Träne eine Geschichte über die Kälte und den Kampf von Toni Kurz und Andi Hinterstoisser», erklärt der Schweizer Co-Produzent Rudolf Santschi.

Welche Kuh möchte ihn nicht gerne küssen – Clint Eastwood mit George Kennedy auf der Kleinen Scheidegg.

In «Nordwand» beobachten Journalisten und Schaulustige aus aller Welt die Seilschaft in der Eiger-Nordwand.

WANDERUNG

ALPIGLEN – EIGERGLETSCHER – KLEINE SCHEIDEGG

START Alpiglen

WANDERROUTE In Alpiglen nicht den Wanderweg auf die Kleine Scheidegg wählen, sondern dem grünen Eiger-Trail-Signet folgen. Der Bergweg führt über Weiden, Bäche und durch Geröllfelder am Fuss der Eiger-Nordwand entlang. Unter dem Rotstock, bei der Wart, zeigt eine Tafel die Route der Erstbegehung **❶**. Gedreht wurde unter anderem beim Rotstock, am westlichen Rand der Eiger-Nordwand und beim Stollenloch. Bei der Station Eigergletscher geht der Eiger-Trail über in den mit Holzstelen markierten «Jungfrau Eiger Walk», der weitere Einblicke in die Geschichte der Nordwand bietet. Er führt an der alten Mittellegi-hütte vorbei **❷** zum Ausstellungsraum in der ehemaligen Trafostation auf dem Fallboden **❸**. Auf der Kleinen Scheidegg wurde für «Eiger Sanction» im Salon, in der Teeveranda, auf dem Balkon und den beiden Terrassen des Hotels Bellevue des Alpes **❹** gedreht, für «Nordwand» vor dem Hotel und auf der Terrasse.

BESONDERES Wer den Eiger-Trail früh in der Saison begehen möchte, erkundigt sich besser vorher, ob er schon offen ist.

 3½ Stunden

↔ 7.7 km

↗ 784 m

↘ 339 m

THE EIGER SANCTION (1975)
REGIE Clint Eastwood
NACH einem Roman von Trevanian
MIT Clint Eastwood, George Kennedy,
Vonetta McGee, Heidi Brühl
PRODUKTION Malpaso Company,
Universal Pictures
DREHORTE Eiger, Kleine Scheidegg,
Zürich, USA

NORDWAND (2008)
REGIE Philipp Stölzl
MIT Benno Fürmann, Florian Lukas,
Johanna Wokalek, Ulrich Tukur
PRODUKTION Majestic, Dor Film,
MedienKontor, Triluna Film AG
DREHORTE Eiger, Kleine Scheidegg,
Jungfraujoch, Österreich

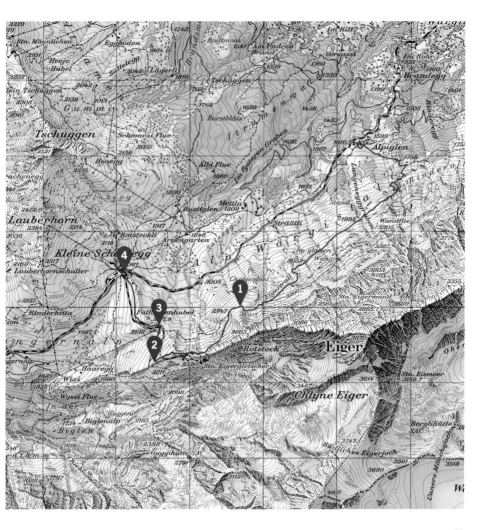

KAPITULATION IM BERNER OBERLAND

Die Serie «Band of Brothers» ist fast vollständig an einem einzigen Ort gedreht worden, doch für das Kriegsende brauchte Steven Spielberg die Schweiz.

So schön haben sich die amerikanischen Offiziere Österreich nicht vorgestellt, als sie ihr neues Hauptquartier in Zell am See beziehen. Sie kommen gerade aus Berchtesgaden, wo sie Hitlers Bergfestung verlassen vorgefunden haben. Kurz darauf erfahren sie, dass die Nazis kapituliert haben und der Krieg vorbei ist, wenigstens in Europa. Die vielen Flaschen, die die Nazis zurückgelassen haben, kommen ihnen zum Feiern gerade recht.

In «Band of Brothers» erzählt Steven Spielberg die Geschichte eines Fallschirmspringer-Regiments, der Easy Company, von ihrem ersten Training bis zum Kriegsende, eine Serie mit zehn Episoden. Mitproduzent war unter anderem auch Tom Hanks. Für die letzte Episode wollten die Produzenten in den Alpen drehen.

Berchtesgaden im südlichen Bayern und Zell am See in Österreich wären eigentlich die beiden Originalschauplätze, doch die wurden als Drehort bald ausgeschlossen. Nicht mehr authentisch genug, und so präsentierte ihnen Stefan Zürcher eine Alternative im Berner Oberland. Für die Dreharbeiten wurde gross angerichtet. 75 Lastwagen voller Material, darunter 1000 teils echte Waffen, vierzig Originalfahrzeuge und ein 200-köpfiges Team, das in Hotels und Ferienwohnungen verstreut über die ganze Region untergebracht war, in Interlaken und Unterseen, aber auch in Bönigen, Merligen, Iseltwald, Spiez, Lauterbrunnen und Grindelwald. Dazu kamen noch die 150 Statisten, die vor allem für die Armeeszenen eingesetzt wurden. Dale Dye war zufrieden mit den Schweizer Männern. Der Vietnamveteran berät Filmproduktionen in militärischen Belangen und ihm ist aufgefallen, dass die Schweizer gut mit Waffen umgehen können, weil sie Militärdienst leisten.

Steven Spielberg hat die Dreharbeiten nie besucht, auch Tom Hanks nicht. Dafür war Stefan Zürcher immer dabei. Gut fünf Monate dauerten die Vorbereitungen für die zehn Drehtage. «Band of Brothers» war auch für ihn eine grosse Kiste, und er ist sich grosse Kisten gewohnt. Seit er als Stunt-Skifahrer in «Im Geheimdienst ihrer Majestät» vom Schilthorn hinunterraste, hat er bei fast fünfzig Spielfilmen mitgewirkt, darunter allein zehn Bond-Produktionen, als Stuntman, Stunt-Koordinator, skifahrender Kameramann, Regieassistent, Location Manager oder

OBEN Der Krieg ist zu Ende, die Soldaten ziehen müde Richtung Oberschwanden.
UNTEN Die kleine Alphütte oberhalb von Hofstetten bei Brienz prominent in einer Steven-Spielberg-Produktion.

Produktionsleiter. Der Wengener, dessen Firma «Alpine Films» heisst, kennt sich in den Alpen bestens aus, und so lag es auf der Hand, ihn zu engagieren, um passende Drehorte zu finden.

Berchtesgaden liegt nun also in Unterseen, das Armeelager auf dem Flugplatz Interlaken, der Adlerhorst auf der Grimsel und das amerikanische Hauptquartier wurde im Hotel Giessbach am Brienzersee eingerichtet. Dort sind die Offiziere einquartiert. Doch wenn Winters, der die Easy Company befehligt, ins Wasser springt, so schwimmt er nicht im Brienzersee. Der See war Anfang Sommer noch sehr kalt, und ausserdem fehlte der vorgesehene Steg. So wurde diese Szene ebenfalls in Unterseen gedreht, im Naturschutzgebiet am Seeende. Der Thunersee war zwar auch kalt, aber immerhin ein bisschen wärmer. Die Offiziere lassen es sich gut gehen in ihrem schönen Hauptquartier. Auf der Terrasse mit Aussicht auf den See scheint der Krieg weit weg. Doch bald beginnen sie sich zu fragen, was nun mit ihnen geschieht. Geht es nach Hause, bleiben sie, wo sie sind, oder werden sie im Pazifik, wo der Krieg noch nicht zu Ende ist, weiterkämpfen?

Auf dem Weg zum Hotel Giessbach kurven die Armeefahrzeuge die Axalpstrasse hinauf. Am Weg, in Engi, sind junge Frauen am Heuen und winken ihnen zu. Wie damals üblich hängen sie das Heu zum Trocknen auf Holzgestelle. Menk Eggenschwiler wusste noch, wie man solche Heinzen macht, und hatte die passenden Holzgestelle im Schopf. Auch das Heu war von ihm. Der Holzbildhauer und Landwirt, der am Drehort wohnt, wurde engagiert, um die

Heinzen zu machen. Doch die Filmer waren mit seiner Arbeit nicht ganz zufrieden. «Ich habe die Heinzen fertig gemacht, doch sie wollten, dass weniger Heu auf den Gestellen hängt. Die Frauen waren ja noch an der Arbeit.» So wurde ein Teil wieder heruntergerissen und verstreut.

An einem anderen Drehort durfte er die Heinzen dann aber vollenden. Von der Engi aus sieht man den Ort, schräg gegenüber, oberhalb des Freilichtmuseums Ballenberg. Webster, Liebgott und Sisk von der Easy Company suchen nach einem Nazi-Offizier, der Verantwortlicher in einem Konzentrationslager gewesen sein soll. Sie vermuten ihn in einer Alphütte und treffen dort tatsächlich auf einen Mann. Doch ist er wirklich der Gesuchte? Die Amerikaner sind sich nicht einig, was sie mit ihm machen sollen. Da versucht er zu fliehen.

Die Aussicht von der Alphütte über den Brienzersee hat dem Regisseur offensichtlich gefallen. Überhaupt die Aussicht auf den Brienzersee. Und wenn der Militärkonvoi vorbeizieht, sieht man auch die umliegenden Berge. Dieser Konvoi aus müden Soldaten und Armeefahrzeugen bewegt sich auf der Strasse unterhalb von Oberschwanden, in der Nähe der Alphütte, an zwei grösseren landwirtschaftlichen Gebäuden vorbei.

Die Serie wurde fast vollständig in England gedreht, in den Hatfield Studios, einer ehemaligen Flugzeugfabrik, wo Steven Spielberg und Tom Hanks schon für «Saving Private Ryan» zusammengearbeitet hatten. Nur für diese letzte Episode wurde ausserhalb von England gedreht. Der Krieg endet im Berner Oberland.

OBEN Die Frauen lassen die unvollendeten Heinzen stehen, wenn die Amerikaner in Engi vorbeifahren.
UNTEN Die Amerikaner sind zufrieden mit ihrem neuen Hauptquartier im Hotel Giessbach.

WANDERUNG

OBERSCHWANDEN – HOFSTETTEN – ENGI – GIESSBACH

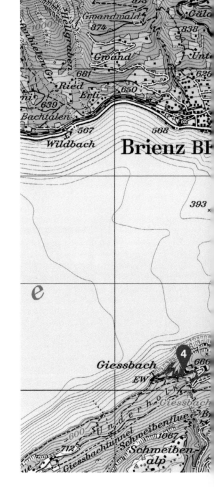

START Oberschwanden
WANDERROUTE Bei der Haltestelle auf den Wanderweg Richtung Rothorn. Beim Strässchen den
Wanderweg verlassen, rechts über die Brücke und
direkt danach links. Nach einem Wäldchen sieht
man rechts erhöht die Alphütte, wo die Amerikaner
den Nazi-Offizier vermuten ❶. Noch kurz weiter
auf dem Strässchen, dann auf dem Wanderweg nach
Hofstetten hinunter. Dort in Richtung Schwanden.
Beim nächsten Wegweiser nach Kienholz nur kurz
auf dem Wanderweg bleiben, dann der Strasse
entlang an den Ställen vorbei, wo der Militärkonvoi
durchzieht ❷. Weiter, bis ein Wanderweg nach
rechts abbiegt. Immer Richtung Brienz. Beim Bad
links nach Giessbach. Die Axalpstrasse hinauf.
Vorsicht: Verkehr. Beim Weiler Engi winken die
heuenden Frauen den durchfahrenden Soldaten ❸.
Im Hotel Giessbach ist das amerikanische
Hauptquartier, eigentlich in Zell am See ❹.

 3 Stunden

 9.7 km

↗ 329 m

↘ 483 m

BAND OF BROTHERS (SERIE; 2001)
REGIE Mikael Salomon (Episode 10/10)
MIT Damian Lewis, Donnie Wahlberg,
Eion Bailey, Philip Barantini, Ross
McCall
PRODUKTION Dreamworks
(Steven Spielberg), HBO Films,
Playtone (Tom Hanks), BBC
DREHORTE Schwanden b. Brienz,
Hofstetten b. Brienz, Brienz,
Interlaken, Unterseen, Grimsel, GB

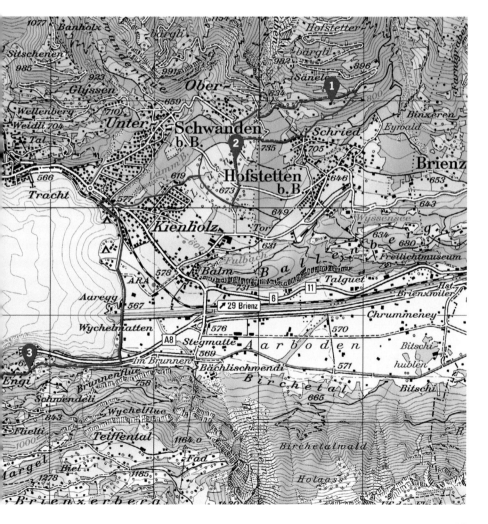

VOM FUSSBALLFELD AUF DEN KARTOFFELACKER

«Uli der Knecht» war der erste Film mit Hannes Schmidhauser.
Er war im wahrsten Sinne des Wortes ein Shooting Star.

Uli ist ein richtiger Tunichtgut, trinkt mit den falschen Leuten, kommt immer spät nach Hause und macht die Arbeit nicht recht. Sein Meister, der Bodenbauer, glaubt trotzdem an ihn und stellt ihn in den Senkel. Uli reisst sich zusammen, packt an, wo er gebraucht wird, pflügt mit seinem Meister den Acker, setzt Kartoffeln, repariert das Dach, und bald weiss man weiterum, wie tüchtig der junge Mann ist. Obwohl der Bodenbauer sehr zufrieden ist mit ihm, vermittelt er ihn als Meisterknecht auf die reiche Glungge, denn er ist sicher, dass aus dem Knecht mehr werden kann. Bevor Uli allerdings auf die Glungge wechselt, ist er das Ziel der Begierde der Mägde auf dem Bodenhof.

Die eine, Stini, gespielt von Anneliese Egger, gilt nicht gerade als Schönheit, dafür hat sie Gespartes. Die andere, Uersi, gespielt von Linda Geiser, verspricht ihm dafür ein vergnügliches Leben. Die beiden belassen es aber nicht dabei, dem Knecht im Haus und auf dem Acker Avancen zu machen, wann immer sie können. Die eine spielt der anderen übel mit. Uersi zieht ein Brett vom Bschüttiloch, und Stini fällt prompt hinein. Für diese Szene wurde auf dem Bodenhof, dem Hofacker in Eggiwil, vor dem Stall extra ein zusätz-

liches Bschüttiloch gegraben. Nicht so tief und natürlich nicht mit Gülle gefüllt wie das echte. Es sollte nur so aussehen. Dafür wurde massenhaft Kaffee gekocht, um die braune Farbe zu bekommen, und Stroh hineingestreut. Der erste Versuch scheiterte. Alles war versickert. Also musste die Grube abgedichtet werden. Wieder wurde in grossen Bottichen Kaffee gekocht und Anneliese Egger sprang hinein. Einmal, zweimal, dreimal. Wie oft die Szene gedreht wurde, weiss sie nicht mehr genau. Damit der Kaffee in der kalten Luft nicht dampfte, wurde kaltes Wasser nachgeschüttet, so dass ihr mit der Zeit in den nassen Kleidern sehr kalt war. Im Bauernhaus wurde eine Badewanne für sie bereitgestellt, in die sie sich zwischen den Aufnahmen in den Kleidern setzen konnte. Krank wurde sie trotzdem. Blöd, denn während der Dreharbeiten hatte sie abends auch noch Engagements am Atelier-Theater in Bern. «Zwischen Dreh und Theater musste ich mehr als einmal noch schnell zum Arzt, damit ich am Abend überhaupt auftreten konnte», erinnert sich Anneliese Egger-Romanelli.

Das Bschüttiloch ist wieder zugeschüttet, doch die Hofacker-Fassade sieht noch genau so aus wie im Film,

OBEN Der Tonmeister bei der Arbeit neben dem Kartoffelacker.
UNTEN Franz Schnyder hinter dem Hofacker.

Dreharbeiten auf dem Kartoffelacker zwischen Gätzistiel und Schweissberg.

und auch die Treppe zum Zimmer, in dem Uli wohnte, bevor er auf die Glungge wechselte, ist noch da. Der Acker, den der Bodenbauer und Uli gemeinsam pflügen, liegt etwas oberhalb des Emmentaler Hofes. Damit sie mit dem Pflug im stotzigen Bord keinen Unfall bauen, bekamen Heinrich Gretler und Hannes Schmidhauser noch extra Nachhilfestunden. Der Acker, wo Uli mit den Mägden Kartoffeln setzt, liegt auf der anderen Seite von Eggiwil.

«Uli der Knecht» war Hannes Schmidhausers erste Filmrolle. Der Film mit dem neuen Kino-Traumpaar Hannes Schmidhauser und Liselotte Pulver war in den 1950er Jahren ein Renner. Rund die Hälfte der erwachsenen Schweizer Bevölkerung soll sich den Film im Kino angesehen haben, und Hannes Schmidhauser war mit einem Schlag auch denen ein Begriff, die ihn bislang noch nicht gekannt hatten, denn Hannes Schmidhauser, auch Giovanni Schmidhauser genannt, war damals schon ein bekannter Fussballer. Er spielte zuerst im Tessin, wo er aufgewachsen war, bevor er Anfang der 1940er Jahre zu GC wechselte. In den 1950er Jahren spielte er zudem in der Nationalmannschaft. Bei der Weltmeisterschaft 1954 fehlte er aber im Aufgebot. Dafür wurde er 1956 mit GC Schweizer Meister und Cupsieger. Zu jener Zeit hörte man schon keine Giovanni-Rufe mehr, wenn er am Ball war. «Uuueli, Uuueli, Uuueli», tönte es nun durch das Stadion.

Mit dem Lohn als Fussballspieler hatte er sich seine Schauspielausbildung in Zürich finanziert und trat in Deutschland und der Schweiz auf. Doch ausserhalb der Fussball- und Theaterwelt kannte man seinen Namen vor «Uli der Knecht» nicht. Liselotte Pulver dagegen hatte schon bei mehr als zehn Filmen mitgewirkt, als sie seine Partnerin wurde. Seine Filmpartnerin Vreneli. Auf dem Heimweg von einem Besuch beim Bodenbauern kehrt die Glunggenbäuerin mit Uli und Vreneli in einem Restaurant ein und eröffnet Uli, dass er die Glungge in Pacht bekommt, und schlägt den beiden vor zu heiraten. Diese Szene wurde zwar nicht in Eggiwil gedreht, sondern im «Löwenstock» in Heimiswil, doch bedient werden sie dabei von der Bärenmutter, der Mutter des damaligen Wirts im «Bären» in Eggiwil, wo die Filmequipe untergebracht war.

Vreneli und Uli heiraten, natürlich in der Kirche Würzbrunnen. Die Kirche wird auch Gotthelf-Kirche genannt, nicht etwa, weil Gotthelf dort tätig war – das war er, soweit bekannt, nie –, sondern weil in allen Gotthelf-Filmen mindestens eine Hochzeit, Taufe oder Beerdigung dort stattfindet. Legendär ist die Szene aus der «Käserei in der Vehfreude», als Felix auf der Empore einschläft und der versammelten Kirchgemeinde unbeabsichtigt seine Träume offenbart: «Änneli, gimer äs Müntschi», murmelt er laut genug, dass es alle hören.

Die Kirche, die nur im Sommerhalbjahr benutzt wird, ist nach wie vor sehr beliebt, auch bei Auswärtigen. «Mit den Einheimischen wäre die Kirche nicht so voll», sagt die Sigristin Ruth Rüegsegger. Im Sommerhalbjahr wird alle vierzehn Tage gepredigt, und bei jeder Predigt wird mindestens ein Kind getauft. Dazu kommen die Hochzeiten. Jedes Wochenende ist belegt, denn viele wollen in der schön gelegenen Kirche oberhalb von Röthenbach i. E. heiraten. Und es ist gar nicht lange her, da fand wieder eine Filmhochzeit statt, ein schlimmer Tag für Dällebach Kari.

2003 wollte das Schweizer Fernsehen den Film «Uli der Knecht» digitalisieren, um ihn zum zehnten Todestag des Regisseurs Franz Schnyder wieder einmal zu zeigen. Als man die Filmrolle aus dem Archiv holte, stellte sich heraus, dass sie sehr gelitten hatte. Sie war an vielen Orten mechanisch beschädigt, aber vor allem war sie durchgehend von Schimmel befallen. Sie muss einmal längere Zeit falsch gelagert worden sein. Zunächst musste daher ein Mittel gesucht werden, das den Schimmel entfernte, aber die Filmbeschichtung nicht noch weiter angriff. Dann wurde der Film von Hand geputzt, die ganzen 3169 Meter.

OBEN Stini, eine der Mägde auf dem Bodenhof, hätte nichts gegen eine Verbindung mit Uli.
UNTEN Heinrich Gretler am Pflug oberhalb des Hofackers.

WANDERUNG

EGGIWIL – CHUDERHÜSI – WÜRZBRUNNEN – RÖTHENBACH I. E.

START Eggiwil, Post
WANDERROUTE In Eggiwil zehn Minuten auf
dem Wanderweg Richtung Blapbach bis zum Filmhof
Hofacker **1**. Am Hof vorbei, noch wenige Meter
auf dem Wanderweg bleiben, dann links der Strasse
entlang bis zur obersten Haarnadelkurve. Dort
pflügen Hannes Schmidhauser und Heinrich Gretler
als Uli und Bodenbauer das stotzige Feld **2**.
Der Strasse entlang weiter bis zum Wanderweg.
Dort hinunter nach Eggiwil. Der Weg führt
noch einmal am Hofacker vorbei. Kurz nach dem
«Bären», wo das Filmteam wohnte **3**, links
hinauf Richtung Chapf. Zwischen Gätzistiel und
Schweissberg auf einer Anhöhe liegt der
Kartoffelacker **4**. Immer Richtung Chapf, bis sich
die Wanderwege nach Chuderhüsi und Chapf
trennen. Weiter zum Chuderhüsi **5** mit seinem
Aussichtsturm. Vom Chuderhüsi nach Würzbrunnen, wo die Gotthelf-Kirche steht **6**, und
hinunter nach Röthenbach i. E.
BESONDERES Ausstellung «Uli der Knecht wird 60»
im Gotthelf Zentrum Lützelflüh noch bis Ende
Oktober 2015 (Führungen bis Februar 2016)

🕐 4¹⁄₂ Stunden

↔ 15.1 km

↗ 603 m

↘ 514 m

ULI DER KNECHT (1954)
REGIE Franz Schnyder
NACH einem Roman von Jeremias
Gotthelf
MIT Hannes Schmidhauser, Liselotte
Pulver, Heinrich Gretler, Anneliese
Egger, Linda Geiser, Hedda Koppé
PRODUKTION Gloria Film AG
DREHORTE Eggiwil, Röthenbach i. E.,
Wynigen, Heimiswil, Sumiswald,
Langnau

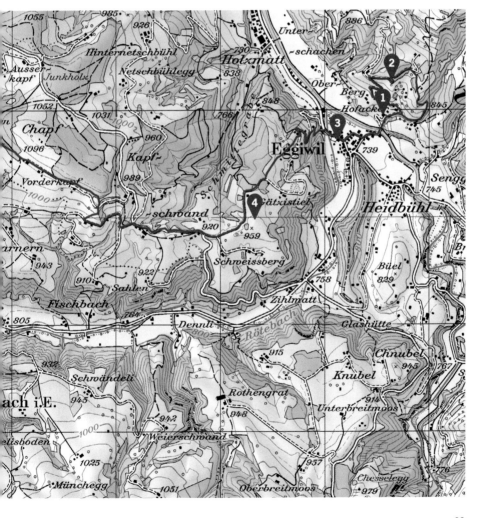

EIN BAUERNHAUS IM RAMPENLICHT

«Uli der Pächter» lockte Charlie Chaplin vom schönen Genfersee zu einem Misthaufen im Emmental.

Walter Reinhard war Anfang zwanzig, als sein Vater entschied, das Haus abzureissen. Das Bauernhaus war alt und unbequem und hatte noch eine Rauchküche genau wie im Film. «Das alte Haus hätte man einer jungen Frau auch kaum mehr zumuten können», meint Walter Reinhard, der den Hof später übernehmen sollte. Doch der Hauptgrund war der fehlende Stall. Der Betrieb war lange von seinem Vater und dessen zwei Brüdern gemeinsam bewirtschaftet worden. 1961 wurde er aufgeteilt, und der bisher gemeinsam genutzte freistehende Stall ging an einen der Brüder. Die einfachste Lösung schien ein Neubau, ein schönes neues Berner Bauernhaus mit Stall. Die Pläne lagen schon bereit. Doch so einfach ging es nicht. Sieben Jahre nach «Uli der Knecht» und sechs Jahre nach «Uli der Pächter» war das Bauernhaus längst nicht mehr nur Privatbesitz. Es kamen Briefe aus der ganzen Schweiz, nicht gerade freundliche, und auch die Politiker nahmen sich der Sache an. Es wurde offiziell beschlossen, dass das alte Bauernhaus in Brechershäusern nicht abgerissen werden durfte. Immerhin suchte man gemeinsam nach baulichen Kompromissen, damit ein Stall angebaut werden konnte und das Haus

weiter bewohnbar war. Und so steht sie also noch, die Glungge, erbaut 1681 und damit eines der ältesten Bauernhäuser im Kanton Bern. Im Jahr 2009 wurde das alte Bauernhaus mit seinem schindelgedeckten Vollwalmdach und der ebenfalls schindelgedeckten Einfahrtsbrücke, den Bemalungen, Inschriften und Schnitzereien zum Kulturgut von nationaler Bedeutung erklärt.

Uli, der Knecht, kommt am Neujahrstag zum ersten Mal auf die Glungge, zusammen mit dem Bodenbauern, der ihm die Stelle als Meisterknecht vermittelt hat. Er hat sich nicht in ihm getäuscht. Uli setzt sich durch und bringt den Hof auf Vordermann. Am Ende des Films bekommt er ihn in die Pacht. Im zweiten Uli-Film hat er dann das Sagen. Schon als Knecht hat er ab und zu den Pfad der Tugend verlassen. Auch als Pächter bleibt er nicht auf dem rechten Weg. Schlecht beraten, fällt er falsche Entscheidungen, und aus Geldnot will er den Erntehelferinnen und -helfern die wohlverdiente Sichlete verwehren, aber, was schlimmer ist, er betrügt einen armen Mann mit dem Verkauf einer kranken Kuh. Seine Frau Vreneli will ihn dazu bringen, den Handel rückgängig zu machen. Doch er hört nicht auf sie. Die Strafe folgt sofort.

Die Dreharbeiten zu «Uli der Knecht» hat Walter Reinhard miterlebt. «Rund um das Haus war ständig etwas los. Es hatte immer viele Zuschauer, denn das war was, damals», erinnert er sich. Die Familie wohnte während der ganzen Zeit im Haus, denn die Innenaufnahmen wurden nicht in der Glungge gemacht, sondern im Studio in Zürich. Von den Dreharbeiten zu «Uli der Pächter» im Jahr darauf hat er nicht viel mitbekommen. Er war im Welschlandjahr. So hat er nicht erlebt, wie Charlie Chaplin die Dreharbeiten auf dem Hof besuchte. Gut gelaunt verfolgte der Weltstar die Rauferei auf dem Misthaufen. Es war tatsächlich der echte Misthaufen, schön geschichtet und gezöpfelt. Nur für die Dreharbeiten war er oben ein wenig mit frischem Stroh abgedeckt worden. Der Misthaufen war Vater Reinhards Spezialität. «Für meinen Vater gehörte ein schöner Misthaufen zu jedem gut geführten Bauernhof.»

Wer Franz Schnyder damals auf die Glungge aufmerksam machte, als er eine Location für seine Gotthelf-Verfilmung suchte, war je nach Quelle entweder der damalige Wirt vom Restaurant Zum Wilden Mann in Wynigen, Rudolf Schürch, oder der Wirt vom gleichnamigen Restaurant in Ferrenberg, Otto Friedli. Oder vielleicht waren es ja auch beide zusammen. Mit Rudolf Schürch war Franz Schnyder zur Schule gegangen, Otto Friedli kannte er vom Militärdienst. Die Filmcrew soll ab und zu im «Wilden Mann» in Ferrenberg aufgetaucht sein. «Das historische Restaurant 2015» wirbt mit Speisen wie zu Gotthelfs Zeiten. Als das Gasthaus 1838 erbaut wurde, war Jeremias Gotthelf gerade 41 Jahre alt und hatte die Uli-Romane noch nicht geschrieben. Kann gut sein, dass er da mal eingekehrt ist. Es ist gar nicht so weit weg von Lützelflüh, wo er damals Pfarrer war. Ganz sicher aber verkehrte er regelmässig im anderen «Wilden Mann» in Wynigen, wo vermutlich auch sein Hochzeitsessen stattfand, denn er hat nebenan in der Kirche Wynigen geheiratet. Das Gasthaus war bis 1974 in Betrieb. Die Crew wurde während der Dreharbeiten dort verpflegt und war auch teilweise dort einquartiert. Heute wird es privat bewohnt. Die Besitzer haben den geschützten Spätbarockbau und den angebauten Saal mit seinen Wandgemälden in den letzten Jahren restauriert.

Der Regisseur war ganz in der Nähe, in Burgdorf, aufgewachsen. Er kannte Land und Leute, und das war nun sein Vorteil. Als «Uli der Knecht» verfilmt werden sollte, waren eigentlich schon Gespräche mit einem anderen Regisseur im Gang, doch die Geldgeber verlangten, dass ein Berner Regie führe. Franz Schnyder hatte erfolgreich «Gilberte de Courgenay» verfilmt. So richtig bekannt wurde er aber erst mit den beiden Uli-Filmen. Sie erlaubten es ihm dann auch, die folgenden Gotthelf-Verfilmungen mit seiner eigenen Produktionsfirma zu realisieren. Dass er den Uli-Filmen mit dem Hauptdrehort Glungge viel verdankte, war ihm wohl klar. «Solange er gesundheitlich dazu in der Lage war, kam er jedes Neujahr zu uns, um uns ein gutes Jahr zu wünschen», erzählt Walter Reinhard.

OBEN Gleich geht die Rauferei auf dem schön gezöpfelten Misthaufen los.
UNTEN Der Weltstar und die Glunggenpächter – Charlie Chaplin mit Liselotte Pulver und Hannes Schmidhauser in Brechershäusern.

OBEN Die alte Glunggenbäuerin ist gestorben.
UNTEN Das Schweizer Filmtraumpaar der 1950er Jahre: Uli und Vreneli.

WANDERUNG

RIEDTWIL – BRECHERS-HÄUSERN – FERRENBERG – WYNIGEN

ULI DER PÄCHTER (1955)
REGIE Franz Schnyder
NACH einem Roman von Jeremias Gotthelf
MIT Hannes Schmidhauser, Liselotte Pulver, Emil Hegetschweiler, Hedda Koppé
PRODUKTION Praesens Film AG
DREHORTE Brechershäusern ob Wynigen, Sumiswald, Münsingen, Bern, Freiburg

START Riedtwil
WANDERROUTE Von Riedtwil durch den Mutzgraben nach Rüedisbach. Dort den Wanderweg verlassen und etwa fünfzehn Minuten auf der Strasse nach Brechershäusern weitergehen. Das erste Bauernhaus links ist die Glungge . Nach etwa fünfzig Metern eine Spitzkehre machen und zurück zum Wanderweg. Geradeaus über den Oberbühlchnubel nach Ferrenberg. Im Restaurant Zum Wilden Mann sollen die Filmer ab und zu aufgetaucht sein. Den Oberbühlchnubel noch ganz umrunden und zurück nach Rüedisbach. Von dort nach Wynigen. Auch in Wynigen gab es ein Gasthaus Zum Wilden Mann, direkt neben der Kirche . Dort verkehrte Jeremias Gotthelf regelmässig. Das Haus wurde in den letzten Jahren restauriert und wird heute privat bewohnt. Führungen auf Anfrage.
BESONDERES Beim vierzehn Meter hohen Mutzbachfall kleine Kletterpartie mit Metallleiter und Seil.

 4 Stunden

↔ 15.1 km

↗ 456 m

↘ 424 m

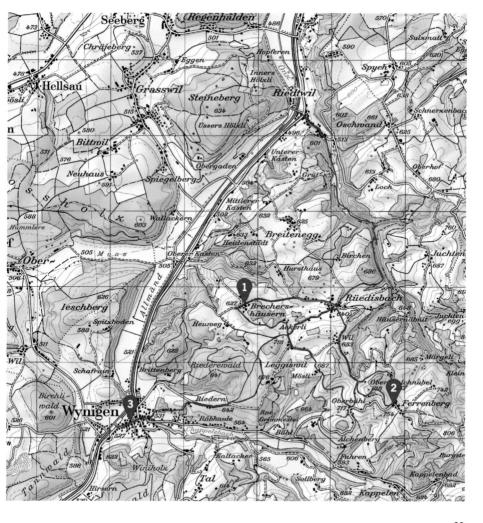

FILMATTRAPPE MIT BLEIBENDER WIRKUNG

«Der Berg» ist von einer wahren Geschichte inspiriert, die sich auf dem Säntis ereignete. Gedreht wurde der Film auf dem Pilatus.

Nach dem 21. Februar 1922 gab es kein Lebenszeichen mehr vom Wetterwart und seiner Frau auf dem Säntis. Vier Tage später wurden sie gefunden. Erschossen. Der Wetterwart Heinrich Haas lag oben beim Wetterhäuschen, seine Frau Maria Magdalena, genannt Lena, in der kleinen Stube der Wetterwarte. Als kurz danach ein Mann den Trachtenschmuck von Lena verkaufte, wusste man mit ziemlicher Sicherheit, wer die beiden ermordet hatte: Gregor Kreuzpointner. Er hatte sich ebenfalls um den Posten als Wetterwart beworben, ihn aber nicht bekommen, obwohl er sehr sportlich und ein erfahrener Berggänger war. Kreuzpointner machte sich Mitte Februar auf den gefährlichen Weg hinauf zum Säntis. Warum, weiss niemand, und was dann in den fünf Tagen passierte, die sie zu dritt auf dem Berg verbrachten, ist unklar. Ihn konnte man dazu nicht mehr befragen. Man fand ihn einige Tage später erhängt in einem Stall.

Diese Geschichte hat Thomas Hürlimann zu einer Erzählung inspiriert, und in enger Zusammenarbeit mit dem Regisseur Markus Imhoof entstand daraus das Drehbuch zum Film «Der Berg». Lena heisst zwar immer noch Lena, und auch Kreuzpointner behält seinen Namen, doch sonst entwickelt der Film eine eigene Geschichte und folgt nicht der realen Vorlage. Gedreht wurde auf dem Pilatus und nicht auf dem Säntis, weil der Sendeturm auf dem Gipfel des Säntis störte.

Crew und Schauspieler wohnten während der Dreharbeiten einige Wochen auf dem Pilatus. Hotels und Restaurants auf dem Ausflugsberg waren zu der Zeit für andere Gäste geschlossen, und so hatten sie die Räume für sich. Abends muss es da jeweils ziemlich lustig zugegangen sein, jedenfalls für die Crew. Die Schauspieler hatten anderes zu tun. Markus Imhoof, bekannt als genauer Arbeiter, probte am Abend oft noch bis spät mit ihnen zusammen die Szenen für den nächsten Tag.

Für die weibliche Hauptrolle hatte der Regisseur die deutsche Schauspielerin Susanne Lothar gewinnen können. Neben ihren schauspielerischen Fähigkeiten hatte sie noch den Vorteil, dass sie keine Angst hatte vor den Abgründen, obwohl oder vielleicht gerade weil die

Städterin keine Erfahrung mit Bergen hatte. Darsteller und Crew wurden zwar an heiklen Stellen von Bergführern gesichert oder sogar gedoubelt. Einer der Bergführer musste sich Kissen unter die Kleidung schieben und seinen Schnurrbart wegrasieren, damit er Mathias Gnädinger möglichst ähnlich sah. Die Arbeiten am Berg waren aber trotzdem nicht ungefährlich, wie ein Helfer erleben musste.

Im Film ist zu sehen, wie der neue Wetterwart zusammen mit seiner Frau und drei voll bepackten Maultieren den Berg hinaufsteigt. Er führt die Tiere an, sie hält sich am Schweif des letzten Tieres fest. Als die Szenen mit den Mulis abgedreht waren und sie nicht mehr gebraucht wurden, führten ihre Betreuer sie auf dem Nauenweg, dem gleichen Weg, auf dem sie zur Klimsenkapelle hochgekommen waren, wieder hinunter. Ein Älpler von der Alp Gschwänd half dabei mit, als eines der Mulis plötzlich seitlich ausschlug und ihn mitten ins Gesicht traf. Zweifacher Bruch des Jochbeines, sechsfacher Bruch des Kiefers, zwei Wochen Spital, zwei Monate fixierter Kiefer. Zum Glück ist alles gut verheilt. Warum das Tier ausschlug, kann er sich immer noch nicht erklären. Doch eines weiss er: «Es hätte auch schlimmer ausgehen können.»

Das Film-Wetterhäuschen auf dem Pilatus steht noch, ohne die nachgebauten Messinstrumente, dafür mit einer Webcam ausgerüstet.

Hätten die Filmleute ihr Material mit Mulis den Berg hochschaffen müssen wie früher, hätten sie wohl lange dafür gebraucht. Kameras, Kabel, Beleuchtung, eine Windmaschine, Requisiten und dazu noch reichlich Baumaterial, denn auf dem Pilatus entstanden gleich zwei neue Hütten für den Wetterwart. Die eine wurde an der Bergflanke im Norden errichtet, mit einer Steinfassade aus Schaumbeton, und weil es zu wenig Schnee hatte, bekam das Dach dann auch noch eine Schneedecke aus Styropor. Da wurden die Aufnahmen rund um die Hütte und aus der Hütte heraus gemacht. Für die Szenen im Innern war sie zu klein. Dafür wurde aus Holz eine zweite Hütte gebaut, mitten in einen Saal des Hotels Pilatus Kulm hinein. Die Wände liessen sich so verschieben, dass die Kameras genug Platz fanden und trotzdem die Enge des Raumes darstellen konnten.

Das ganze Material wurde mit der Seilbahn von Kriens her auf den Pilatus befördert, und wenn die Ausstattungsequipe bei der Klimsenkapelle zu tun hatte, dann liessen die Seilbahnbetreiber sie auch einmal beim letzten Mast unter dem Gipfel aussteigen, damit sie nicht jedes Mal den ganzen Weg hinauf- und hinunterlaufen mussten. Denn auch dort wurde gebaut. Bei der Klimsen-

Mit den Mulis geht es auf den Berg. Dort warten ein harter Job und eine einfache Unterkunft.

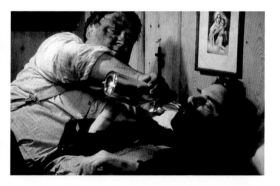

kapelle erhielten nämlich die Maultiere ihren eigenen Unterstand.

Das Wetterhäuschen mit den Messinstrumenten hingegen kam auf anderem Weg an seinen Platz. Es wurde bei der Seilbahnstation Fräkmüntegg zusammengebaut und mit dem Helikopter zum Oberhaupt, einem der Pilatusgipfel, geflogen und dort verankert. Es steht immer noch am genau gleichen Ort. Jahrelang sah es auch noch genau so aus wie im Film. Heute nicht mehr. Die Instrumentenattrappen sind verschwunden. Dafür beherbergt das Häuschen jetzt eine Webcam.

Dramatische Szenen in der Enge auf dem Berg.

WANDERUNG

HERGISWIL – ALP GSCHWÄND – KLIMSENKAPELLE – PILATUS

START Hergiswil
WANDERROUTE Bei der Kirche Hergiswil Richtung
Alp Gschwänd **2**. Von dort auf dem Nauenweg
im Zickzack bergauf **3** zur Klimsenkapelle **5**.
Auf diesem Weg sind auch die Mulis und ihre
Betreuer auf- und abgestiegen. Bei der Klimsenkapelle bekamen die Maultiere einen Unterstand. Von dort müssen der Wetterwart und seine
Frau ihr Gepäck selber das letzte steile Stück
hochtragen. Am Ende des steilen Wegstücks von
der Klimsenkapelle zum Pilatus, kurz vor dem
Wegweiser zur Galerie, stand links die eine Hütte
des Wetterwarts **6**. Die andere wurde im Hotel
Pilatus Kulm aufgebaut. Das Wetterhäuschen steht
noch immer auf dem Oberhaupt **7**. Vom Pilatus
hinunter geht es mit der Zahnradbahn nach Alpnach-
stad oder mit der Seilbahn nach Kriens.
ABKÜRZUNG Seilbahn Brunni **1** – Alp Gschwänd
BESONDERES Technisch und konditionell
anspruchsvoll
EINFACHE VARIANTE ab Alp Gschwänd nach
Fräkmüntegg **4** und von dort mit der neuen
Seilbahn auf den Pilatus mit Blick auf Nauenweg
und Klimsenkapelle. Auf diesem Weg gelangten
auch Crew, Schauspieler und Material auf den Pilatus.

🕐 5 Stunden

↔ 8 km

↗ 1662 m

↘ 40 m

DER BERG (1990)

REGIE Markus Imhoof
MIT Susanne Lothar,
Mathias Gnädinger,
Peter Simonischek
DREHBUCH Thomas Hürlimann,
Markus Imhoof
PRODUKTION Langfilm, ZDF, ORF
DREHORTE Pilatus, Stans, Sarnen,
Cham, Buochs, Dampfschiff Gallia

CLEVERE FILMPROMOTION IN FLAUEN ZEITEN

Kitschig, misslungen, grossartig. Die Meinungen über «Marie-Louise» waren geteilt. Dank Gottlieb Duttweilers Sturheit gab es eine dicke Überraschung.

«Regardez, le Grütli», ruft Marie-Louise fröhlich, als sich das Schiff der Rütliwiese nähert. Direktor Rüegg und Lehrer Bänninger haben das französische Ferienkind auf einen Ausflug über den Vierwaldstättersee mitgenommen, und natürlich haben sie ihm auch von Wilhelm Tell erzählt. Direktor Rüegg hält die Geschichte für einen Mythos, findet es aber richtig, die Kinder in ihrem Glauben zu belassen. Jetzt aber! Lehrer Bänninger belehrt ihn, dass sich gemäss neuester Forschung alles genau so zugetragen habe. Als hätte Direktor Rüegg nur darauf gewartet, dass ihm jemand diesen Glauben wiedergibt. «Das freut mi ja cheibemässig.» Gerührt blickt er auf die Rütliwiese und nimmt den Hut ab.

Gedreht wurde am 12. September 1943, einem Sonntag, auf dem Kursschiff 0844 ab Luzern nach Flüelen.

So fröhlich wie an diesem Tag war Marie-Louise lange nicht. Kanonendonner, Bombenangriffe, Hunger, Angst um den Bruder, der Vater in Kriegsgefangenschaft – die Kleine hat schon einiges hinter sich, als sie mit vielen anderen Kindern in die Schweiz zu einer Gastfamilie fahren darf. Doch sie wird nicht abgeholt, und so nimmt sie Heidi Rüegg, die Tochter von Direktor Rüegg, die für das Rote Kreuz arbeitet und die Kinder bei ihrer Ankunft betreut, kurzerhand mit nach Hause. Aus Angst vor der Reaktion des Vaters versteckt sie Marie-Louise zuerst in einem Zimmer, doch er entdeckt das Mädchen und ist schon bald ganz vernarrt in das Kind.

Während des Zweiten Weltkrieges fanden rund 60 000 Kinder aus den umliegenden Ländern einen Ferienplatz in der Schweiz, bei Gastfamilien, aber auch in Ferienheimen zum Beispiel auf der Rigi. Frieden, genug zu essen, Erholung. Die Hilfsbereitschaft war gross. Ganze Belegschaften arbeiteten länger, um Geld für Ferienplätze zu beschaffen, ein Engagement, das auch im Film verarbeitet wurde. Das Schicksal dieser Kinder bewegte die Schweiz. Auch die Produktionsfirma engagierte sich und gründete im Zusammenhang mit dem Film einen Fonds für Hilfeleistungen

OBEN Die Schiffsszenen wurden auf dem Kursschiff von Luzern nach Flüelen gedreht.
LINKS UNTEN Armin Schweizer wird noch geschminkt, neben ihm Heinrich Gretler.
RECHTS UNTEN Der Erlös aus den Marie-Louise-Postkarten kam kriegsgeschädigten Kindern zugute.

an kriegsgeschädigte Kinder, forderte die Kinos auf, eine Brutto-Tageseinnahme für den Fonds zu spenden, und verkaufte Marie-Louise-Postkarten, deren Erlös dem Fonds zugutekam. Ein Teil des Geldes wurde für den Bau eines Hauses im neu gegründeten Pestalozzidorf Trogen verwendet.

Die Ferienkinder kamen in der Regel für drei Monate ins Land, lange genug, um sich an das Leben in der Schweiz und die Gasteltern zu gewöhnen. Dann mussten sie wieder zurück in ihre ungewisse Zukunft. Der Produzent Lazar Wechsler und der Drehbuchautor Richard Schweizer hatten beide erlebt, wie schwierig es ist, die Kinder nach dieser Zeit wieder zurückzuschicken. Auch Direktor Rüegg tut sich schwer mit dem Gedanken.

Josiane Hegg, die Hauptdarstellerin, war tatsächlich als Ferienkind in die Schweiz gekommen. Ihr Vater war Schweizer, doch die Familie lebte in der Nähe von Nancy, im Nordosten Frankreichs. Der Regisseur Leopold Lindtberg und der Drehbuchautor Richard Schweizer hatten sie aus 1200 Kindern ausgewählt. Noch vor Ende der Dreharbeiten musste sie zurück.

«Marie-Louise» lief gar nicht gut an, und ohne den Einsatz von Gottlieb Duttweiler wäre er wohl bald aus den Spielplänen der Kinos gestrichen worden. Der Migros-Gründer war Verwaltungsrat der Praesens Film, und ihm gefiel «Marie-Louise» ausserordentlich gut, anders als dem restlichen Verwaltungsrat. «Ein ehrlicher Film, mit Gesichtern und Stimmen, die uns in kürzester Zeit auf Du und Du bringen. Und dabei – so ging es mir – lässt die Spannung nie nach, denn der Film ist

keinen Augenblick langweilig oder gewöhnlich», lobte er im «Brückenbauer». Zuerst bot er den Genossenschaftern und Stammkunden in Zürich vergünstigte Tickets an. Fr. 1.20 für Sperrsitz- und Balkonplätze. Der Normalpreis war Fr. 2.20. Das hatte nicht den gewünschten Erfolg, zumal die Aktion bald darauf vom Kinotheater-Verband unterbunden wurde. «Es besteht eine Konvention, wonach die Kinotheater – selbst zum regulären Preis – keine Billette an Dritte abgeben dürfen, wenn diese die Billette verbilligt weitergeben», hiess es.

Doch Dutti war nicht zu bremsen und dachte sich etwas Neues aus, und so sprach sich im Frühjahr 1944 in Zürich bald einmal herum, dass im Migros Bons für einen Kinoeintritt verschenkt würden. Das stimmte. Jedenfalls manchmal. Manchmal auch nicht, und wann, das wusste nicht einmal das Verkaufspersonal. «Des Rätsels Lösung» war Anfang Mai im «Brückenbauer» zu lesen. Die Migros hatte 10000 Tickets für «Marie-Louise» gekauft, doch nur wer ausserhalb der Stosszeiten einkaufte, erhielt eines. Während der Stosszeiten gab es nichts. Damit belohnte die Migros die Kundinnen und Kunden, die ihrem Aufruf Folge leisteten und in den flaueren Verkaufszeiten einkauften, und weil es pro Person immer nur ein Ticket gab und die meisten nicht allein ins Kino gingen, sondern in Begleitung, nahm die Zahl der verkauften Tickets schnell zu. Bald schon waren alle Vorstellungen ausverkauft. Drei Fliegen auf einen Streich, schreibt der «Brückenbauer»: «... ein Mittel, um die Benützung weniger belasteter Verkaufszeiten zu fördern und die Zeiten des Andranges zu entlasten – eine kleine

Richard Schweizer bekam 1946 den Oscar für das beste Drehbuch für «Marie-Louise» und später auch noch für «The Search».

Gabe an unsere Kunden – eine verdiente Unterstützung für den prächtigen Schweizer Film ‹Marie-Louise›.» Nach dem schwierigen Start wurde der Film also doch noch ein Erfolg. Und wie. Und das nicht nur in der Schweiz. Vor allem das englischsprachige Publikum war zu Tränen gerührt. In der amerikanischen Presse wurde sogar vom populärsten Film seit «Vom Winde verweht» gesprochen. Doch die dickste Überraschung kam noch: «Marie-Louise» erhielt als erster nicht-englischsprachiger Film einen Oscar. Ausgezeichnet wurde das Original-Drehbuch von Richard Schweizer. Zusammen mit Regisseur Leopold Lindtberg reiste er nach Hollywood und bekam am 11. Juni 1946 seine Statuette überreicht.

Der Zürcher Drehbuchautor, dessen Todestag sich am 30. März 2015 zum 50. Mal jährte, wird auch als Vater oder sogar Urvater des Schweizer Films bezeichnet. Er hat als Autor bei 27 Filmen mitgewirkt, darunter viele der bekannten älteren Schweizer Filme: «Füsilier Wipf», «Gilberte de Courgenay», «Die letzte Chance», «Heidi», «Anne Bäbi Jowäger» und die beiden Uli-Filme. Für das Drehbuch zu «The Search» von Fred Zinnemann erhielt er einige Jahre später noch einen zweiten Oscar.

WANDERUNG
RÜTLI – SEELISBERG – BAUEN – ISLETEN

MARIE-LOUISE (1944)
REGIE Leopold Lindtberg
MIT Josiane Hegg, Heinrich Gretler, Anne-Marie Blanc, Armin Schweizer
DREHBUCH Richard Schweizer
PRODUKTION Praesens Film AG
DREHORTE Vierwaldstättersee, Arth-Goldau, Engelberg, Pfäffikon, Wattwil, Genf, Lausanne, Studio Zürich, Rouen (F)

START Rütli
WANDERROUTE Von der Schiffsstation zum Restaurant bei der Rütliwiese ❶. Von dort führen zwei Wege hinauf nach Seelisberg. Den Wanderweg rechts wählen. Vom Schillerbalkon ❸ aus Sicht auf Tellsplatte ❺ und Tellskapelle ❻ bis nach Altdorf mit seinem Tell-Denkmal, und natürlich aufs Rütli. Den Schillerstein ❷ sieht man nur vom Schiff aus. Ob Mythos oder nicht, die Mythen, die man auf dieser Wanderung zu sehen bekommt, sind jedenfalls real. Von Seelisberg weiter nach Bauen hinunter, dann dem See entlang, zum Teil in Felsgalerien bis nach Isleten. Dort stand eine von Alfred Nobels Dynamitfabriken ❹. Das dort hergestellte Dynamit diente dem Bau des Gotthardtunnels. Und was man damit sonst noch machen kann, davon hat ja schon Mani Matter ein Lied gesungen.
BESONDERES Weg der Schweiz, Etappen 1–3.

🕐 4 Stunden

↔ 11.3 km

↗ 733 m

↘ 740 m

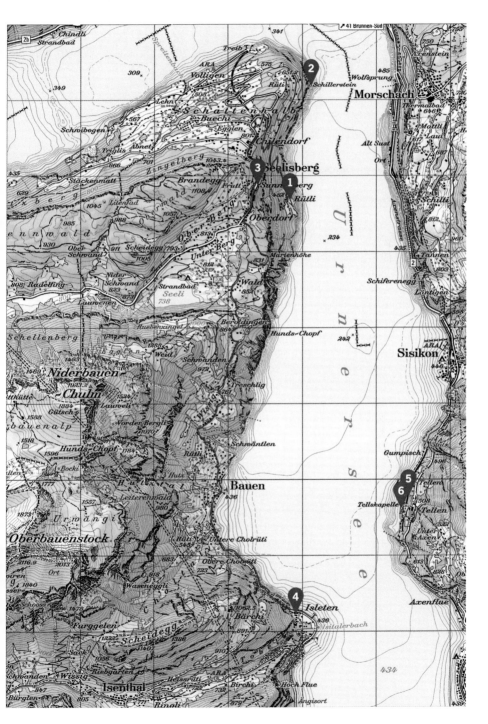

111

NEUE TECHNIK FÜR EIN ARCHAISCHES DRAMA

Für «Höhenfeuer» suchte Fredi M. Murer lange nach dem geeigneten Drehort. Als er ihn endlich fand, legte er sich gleich einmal ins gemachte Bett.

Fredi M.Murer hatte eine genaue Vorstellung vom Drehort für sein Drama «Höhenfeuer». Steil. Einsam. Archaisch. Auf seiner Suche wandte er sich auch an den Bauernhausforscher Benno Furrer, und der kannte tatsächlich ein geeignetes Objekt. Ein Bergheimet auf der Wasserplatten ob Silenen, ein Wohnhaus mit Ställen und Nebengebäuden, Hangterrassen, einer Rauchküche und einem «Mitschäschteiofä», einem Specksteinofen, und das Ganze erst noch mit einer Seilbahn erschlossen. Das Heimet, das bis zum Tod der vorherigen Besitzer ganzjährig bewohnt worden war, gehörte seit zwei Jahren einer Familie aus Altdorf, die es als Ferienhaus nutzte. Auch ein Verwandter des früheren Besitzers hielt sich öfters im Haus auf und kümmerte sich um die Umgebung. Als die neue Besitzerin eines schönen Herbstmorgens zu ihrem Ferienhaus hinaufkam, teilte er ihr mit, dass ein Gast in ihrem Bett geschlafen habe. Der Gast war am Vortag angekommen, um sich das Haus anzusehen, und wurde bewirtet, wie es sich gehört. Man redete, es wurde spät, und schliesslich übernachtete er im Bett der Besitzerin. Fredi M. Murer hatte seinen Drehort gefunden.

Sein Film erzählt die Geschichte eines Geschwisterpaares, das von klein auf unzertrennlich ist. Belli, die Ältere, hat die Schule erfolgreich abgeschlossen und unterrichtet nun zu Hause ihren gehörlosen Bruder, der nicht einmal einen Namen hat. Er ist einfach «der Bub». Mutter und Grosseltern hätten es gerne gesehen, wenn Belli Lehrerin geworden wäre, doch der Vater war dagegen. Mehr als die unbedingt notwendigen sozialen Kontakte hält er für unnötig. In der Einsamkeit und Abgeschiedenheit des elterlichen Hofes kommen sich die Geschwister näher als erlaubt.

«Höhenfeuer» feierte seine Premiere 1985 am Filmfestival Locarno und gewann den Goldenen Leoparden. Seither wird das Drama sowohl von Fachjurys als auch vom breiten Publikum immer wieder an die Spitze der besten Schweizer Filme gewählt. 2015 feierten die Solothurner Filmtage ihr fünfzigjähriges Bestehen unter anderem mit einem Programm, das Meilensteine des Schweizer Filmschaffens präsentierte. Natürlich auch dabei: «Höhenfeuer». Aus diesem Anlass wollte auch das Schweizer Fernsehen den Film wieder einmal ausstrahlen, doch viele ältere

OBEN Fredi M. Murer (rechts) beobachtet die Szene.
UNTEN Die Geschwister wachsen sehr vertraut auf.

Filme haben ein Problem: Sie sind der digitalen Zeit technisch nicht gewachsen. DVDs, die von analogen Filmen gezogen worden sind, werden auf den

heutigen Fernsehgeräten nicht optimal dargestellt, und die meisten Kinos haben inzwischen keine Möglichkeit mehr, analoge Filme zu zeigen.

«Höhenfeuer» konnte in Solothurn zwar noch analog vorgeführt werden, doch Fredi M. Murer hat die Fernsehwiederholung zum Anlass genommen, den Film digitalisieren zu lassen. Etwa 30 000 Franken kostet es, einen Film zu digitalisieren, der noch in gutem

Zustand ist. Bild für Bild muss dabei von Fachleuten einzeln eingelesen werden. Für das Color Grading allerdings, die Lichtbestimmung, setzte er sich mit an den Tisch und arbeitete, dreissig Jahre nach Erscheinen, nochmals intensiv an seinem Meisterwerk. Die zeitlose Geschichte ist nun für die digitale Ära gewappnet.

Das Haus, im Film das Elternhaus der Geschwister, hat sich seit den Dreharbeiten wenig verändert. Wasser wurde ins Haus gezogen und ein Gasherd installiert. Doch die alten Pfannen hängen immer noch am gleichen Ort in der Küche. Bernard Lang, der Produzent, hat damals das Haus fast für ein ganzes Jahr gemietet, denn der Film spielte ja in verschiedenen Jahreszeiten. Der Garten wurde angepflanzt und gepflegt. Auch die kleinen Schweinchen wuchsen und gediehen, nicht zuletzt dank der Hilfe eines Nachbars von den Chilcherbergen, der Garten und Tiere mitbetreute, während im Schächental und in Engelberg gedreht wurde. Ein Teil der Miete wurde in Naturalien bezahlt. Der Specksteinofen, der ganz typisch ist für diese Art Haus und für den Film gebraucht wurde, war in sehr schlechtem Zustand. So kamen die Besitzer zu ihrem neuen Mitschäschteiofä.

Doch nun steht das Haus schon seit längerem mehr oder weniger leer. Nur im Sommer ist es jeweils für ein paar Wochen wieder belebt. Das Gebiet Wasserplatten ist eine besondere Kulturlandschaft und Heimat für viele gefährdete Tierarten. Mehrere Fledermausarten wurden beobachtet, darunter mindestens eine stark gefährdete, und 46 Tagfalterarten, auch unter ihnen Arten, die besonderen Schutz nötig haben. Das Gebiet drohte aber zu verbuschen, weil es kaum mehr gepflegt wurde. Seit 2012 sind nun in der zweiten Junihälfte jeweils rund ein Dutzend Zivildienstleistende auf der Wasserplatten im Einsatz. Sie entbuschen die Weiden, bauen Trockenmauern, mähen Gras, und sie haben auch den Weg wieder hergestellt, der vom Haus steil hinauf zum Wanderweg führt. Die Zivis wohnen während ihres Einsatzes zum Teil im Filmhaus auf der Talschulter, und natürlich wird allen, die es noch nicht wissen sollten, erklärt, welcher Film an diesem Ort entstanden ist.

Warum er übrigens Wasserplatten heisst, weiss niemand so genau. Es hat da nicht einmal eine eigene Quelle. Das Wasser wird in einer Leitung von den Chilcherbergen her durch das Tobel geführt. Doch vor einigen Jahren war das Wasser plötzlich weg und der Brunnen, in den sich der Bub nach der Gülleattacke seines Vaters setzt, blieb trocken. Tief im Berg waren zu der Zeit die Arbeiten für den Gotthard-Basistunnel im Gang, als oberhalb von Silenen die Trinkwasserquellen praktisch vollständig versiegten. Ganz Silenen hatte kein Wasser mehr. Inzwischen ist, bis zu einer definitiven Lösung, eine Notleitung in Betrieb, und für Chilcherbergen und Wasserplatten wurde weiter entfernt eine neue Quelle gefasst. Nur wenn es lange genug regnet, rinnen aus den versiegten Quellen manchmal ein paar Tropfen.

LINKS Ein Gewitter erschreckt den tauben Bub.
OBEN Der Bub beobachtet seine Schwester heimlich durch das Loch oberhalb des Ofens.
MITTE Die familiäre Situation eskaliert.
UNTEN Belli hat ein Geheimnis, das sie ihrer Mutter gerne anvertrauen würde.

WANDERUNG

SILENEN – CHILCHERBERGEN – WASSERPLATTEN – GOLZEREN

HÖHENFEUER (1985)
REGIE Fredi M. Murer
MIT Thomas Nock, Johanna Lier,
Dorothea Moritz, Rolf Illig
PRODUKTION Langfilm
DREHORTE Wasserplatten ob Silenen,
Schächental, Engelberg

START Silenen Dägerloh
WANDERROUTE Von der Bushaltestelle zur Talstation der Seilbahn Silenen – Chilcherbergen **1**. Bei
der Bergstation Chilcherbergen in nördlicher
Richtung hinüber zum Haus auf der Wasserplatten
3. Ein grosser Teil des Films «Höhenfeuer»
wurde in und um dieses Haus gedreht. Von dort
entweder auf dem gleichen Weg zurück zur
Bergstation oder den steilen Weg hinter dem Haus
hinauf zum Wanderweg. Den Wegweisern Richtung
Golzern folgen. Von dort mit der Seilbahn hinunter
nach Bristen.
BESONDERES Kleine, flache, oben offene Seilbahn
Silenen – Chilcherbergen. Hängebrücke über den
Schipfenbach **4**. Steile Stellen. Schwierige Passagen
mit Treppen und Seilen gesichert. Das Tobel **2**
zwischen Chilcherbergen und Wasserplatten ist ein
Lawinenkorridor. Bei Lawinengefahr Passage
meiden.

🕐 3 Stunden

↔ 6.4 km

↗ 555 m

↘ 317 m

MIT SCHNEE GEGEN DIE KÄLTE

Für «Sennentuntschi» wurde ein früherer Drehort reaktiviert, und die Natur machte teilweise genau, was man brauchte, sogar mit Ansage.

Er sieht ganz harmlos aus, der Gaden. Leicht erhöht steht er neben der hintersten Alphütte. Doch es ist noch gar nicht lange her, da tat sich da Schauriges. Die Gebäude vom Mettenen Butzli sieht man erst, wenn man die Alpstrasse hinaufgeht und um den Hügel biegt, der die Alp gegen das Tal hin abschirmt. Ganz in der Nähe, am Schächentaler Höhenweg weiter westlich Richtung Eggberge, liegt die Alp Wissenboden, wo der Sage nach das «Sennentuntschi» zum Leben erwacht ist. Ein Senn und seine zwei Knechte nähten sich aus Stoff eine Puppe und stopften sie aus mit Stroh. Zum Spass gaben sie ihr zu essen, doch es kam tatsächlich Leben in die Figur. Sie tat, was die Sennen von ihr wollten, am Tag und vor allem in der Nacht. Ende Sommer wollten die Männer die Frau dann aber nicht mit ins Tal nehmen. Sie wehrte sich, zwang einen der Sennen dazubleiben, tötete ihn, häutete ihn und spannte seine Haut auf das Dach.

Es gibt verschiedene Varianten dieser Sage und verschiedene Orte, wo sie sich abgespielt haben soll, und Michael Steiner hat eine neue hinzugefügt. Der Regisseur hat das Drehbuch mitgeschrieben, und ganz so wie in der alten

Sage spielt sich die Geschichte bei ihm nicht ab. Blutig und gewalttätig ist sie aber allemal, und der Absinth tut das Seine dazu. Die Dreharbeiten auf der Alp waren nicht einfach. Schon nur der Weg. Rund sechzig Personen wohnten während der Dreharbeiten im Herbst 2008 in Hotels und Ferienwohnungen in Unterschächen und fuhren jeden Tag auf der schmalen Fahrstrasse hinauf zum Mettenen Butzli. Auch das ganze Material musste auf die kleine Alp befördert werden. Dabei halfen Ansässige mit, die es gewohnt sind, Lasten auf der Alpstrasse zu transportieren. Ohne die Unterstützung der lokalen Bevölkerung müsse man gar nicht erst einen Film drehen wollen, da sind sich Filmleute einig. Vor Ort wird immer etwas benötigt: Ein auf Abwege geratenes Auto muss auf die Strasse zurück, eine Wiese muss gemäht werden, die Feuerwehr ist für Regen gefragt, ein Helikopterlandeplatz muss her, wenn nicht bei diesem Film, dann beim nächsten.

Auf der Alp gab es keinen Strom, deshalb mussten auch Generatoren mit. Deren Leistung nimmt ab, je höher es hinauf geht. Doch nicht alles Material, das zum Mettenen Butzli hinaufge-

OBEN Die Hütte muss brennen.
UNTEN Ein Willkommens-Absinth auf der Alp. Es bleibt nicht bei dem einen.

Es war nicht Martin, der die Ziegen getötet, gehäutet und im Gaden aufgehängt hat.

Ist diese Frau wirklich eine zum Leben erwachte Puppe?

schafft worden war, wurde tatsächlich gebraucht. In einer Szene zum Beispiel kommt Nebel auf. Die Schläuche waren verlegt, die Nebelmaschine produzierte Nebel, doch es hatte so böige Winde, dass die Nebelschwaden immer wieder verweht wurden. Die Filmer bemerkten dann aber, dass manchmal Nebel vom Tal her über den Hügel schwappte, und zwar immer, wenn vorher über Altdorf eine bestimmte Wetterlage herrschte. Die Wolken krochen das Schächental hoch und kamen etwa eine Stunde später beim Mettenen Butzli an. Ein Naturschauspiel. Dank dieses Wetterphänomens konnte die Szene doch noch gedreht werden, im Nebel, wie gewünscht.

Die Winde waren auch eine Herausforderung für den Caterer. Er musste jeden Tag sein Zelt auf- und abbauen, weil er befürchtete, dass es den Böen über Nacht nicht standhalten würde. Fast immer wenn ein Film gedreht wird, ist ein Catering dabei. Eine Küche vor Ort kann flexibler reagieren, wenn

es mal ein bisschen länger dauert oder zu Unzeiten gegessen werden muss, mitten in der Nacht zum Beispiel. Ausserdem geht so keine Zeit für den Weg zum Restaurant verloren. Gekocht wurde mit Gas, das Wasser kam direkt vom Berg herunter.

Die Alp liegt am Fuss der Schächentaler Windgällen. Von der Alp führt ein Bergweg durch die Geröllfelder auf die Windgällen, die auch bei Kletterern beliebt sind. Immer wieder lösten sich Steine und fielen Richtung Alp, wenn dort oben Berggänger unterwegs waren, und manchmal auch einfach so. Bei Szenen an exponierten Stellen musste deshalb immer jemand den Hang beobachten, um Schauspieler und Crew nötigenfalls zu warnen. Es war aber nicht nur gefährlich, sondern auch kalt und nass, und während der Dreharbeiten im Herbst 2008 meldete sich sogar kurz der Winter. Besonders Roxane Mesquida, die das Sennentuntschi spielt, wird gefroren haben. Sie hat ja nicht immer gerade viel an. Und weil es so

Polizist Reusch versucht, der Sache auf den Grund zu gehen.

Albert, der seit einem Unglück stumm ist, schnitzt gerne Holztiere.

kalt war, musste Andrea Zogg, der den Senn Erwin spielte, sogar Schnee in den Mund nehmen, damit sein Atem kühler wurde und in der kalten Luft nicht sichtbar war. Sonst hätte man ja gesehen, dass er gar nicht tot ist. Es ist ja nur ein Film, und das Sennentuntschi hat auf dem Mettenen Butzli niemanden wirklich umgebracht. Hingegen soll sich dort vor Urzeiten ein riesiger schwarzer Hund herumgetrieben haben, mit feurigen Augen und einer roten Zunge. «Lälli», so hiess er, erschreckte die Sennen, und manch einer wäre mit seinem Vieh lieber nicht mehr auf das Mettenen Butzli gezogen.

Fredi M. Murer hat die Alp für den Film entdeckt. Er drehte dort für seinen Dokumentarfilm «Wir Bergler in den Bergen sind eigentlich nicht schuld, dass wir da sind». Damals gab es die Alpstrasse noch nicht. Nur ein einfacher Weg führte von der Alp Mettenen hinauf auf den Oberstafel. Zehn Jahre später kehrte er für die Dreharbeiten zu «Höhenfeuer» dahin zurück. Haupt-

drehort war zwar Wasserplatten ob Silenen, ebenfalls im Urnerland, doch wichtige Szenen drehte er im Schächental. Die Alp der Familie, wohin der Bub sozusagen verbannt wird, ist das Mettenen Butzli. Dort besucht ihn seine Schwester, und sie verbringen die Nacht zusammen auf dem Hügel unter freiem Himmel. Der Bub hat sich in der Zeit allein auf der Alp aus Steinen ein eigenes kleines Reich eingerichtet. Die Steine hat er aber nicht alle selber aufgeschichtet. Fredi M. Murer bat einige Rentner, die er durch seinen Bruder kennengelernt hatte, etwas aufzubauen, wie sie es vielleicht einmal in ihrer Kindheit getan hatten, eine Installation aus Steinen, die sich ein einsamer Junge ausdenken könnte. Er liess ihnen völlig freie Hand und war begeistert, als er am Abend das Resultat sah. Wer weiss, ob die Steine, die oben auf den Felsbrocken liegen, nicht immer noch von dieser Aktion stammen.

WANDERUNG

KLAUSENPASS – METTENEN BUTZLI – URIGEN – UNTERSCHÄCHEN

START Unterschächen, Haltestelle Untere Balm (Klausen)

WANDERROUTE Auf dem Schächentaler Höhenweg über Vorderen Rustigen und Heidmanegg zur Alp Mettenen. Die Alpstrasse zum Mettenen Butzli zweigt kurz vor der Alp Mettenen nach rechts hinauf ab. Auf dem Weg zu den Alphütten liegen rechts die grossen Steine, wo der Bub in «Höhenfeuer» seine Welt installiert ❸. Vis-à-vis auf dem Hügel verbringt er die Nacht mit seiner Schwester. Zuhinterst, im leicht erhöhten Gaden, tat sich Schauriges ❶. Den Absinth trinken die Sennen etwas weiter unten ❷. Ganz in der Nähe brannte die kleine Hütte. Auf dem Weg zurück zur Abzweigung sieht man ins gegenüberliegende Brunnital, wo ebenfalls gedreht wurde. Weiter auf dem Höhenweg. Beim Hegerwald den Höhenweg verlassen und auf dem Wanderweg nach Spiringen hinunter bis Urigen. Auf diesem Weg kreuzt man mehrfach die Alpstrasse zum Mettenen Butzli, die in Urigen beginnt ❹. Von Urigen hinunter nach Unterschächen.

ABKÜRZUNG Postauto ab Urigen

🕐 4 Stunden

↔ 13.5 km

↗ 329 m

↘ 1111 m

SENNENTUNTSCHI (2010)
REGIE Michael Steiner
MIT Roxane Mesquida, Nicholas Ofczarek, Andrea Zogg, Carlos Leal, Joel Basman
PRODUKTION Kontraproduktion AG u.a.
DREHORTE Schächental, Brunnital, Soglio, Bondo, Uster, Zürich, Österreich

XAVIER KOLLERS GESPÜR FÜR SCHNEE

«Das gefrorene Herz» hatte einen unbeständigen Mitspieler. Manchmal übertrieb er zu sehr und manchmal kam er gar nicht ans Set.

Fünftausend Kilometer lang suchte Xavier Koller nach dem idealen Drehort, dem Dorf, das er sich vorstellte. Er fand es nicht. Aber er fand dabei immerhin den Ort, wo es stehen könnte. Der Produzent schluckte leer, als ihm der Regisseur vorschlug, das, was er suchte, auf der Alp Äsch in Unterschächen aufzubauen. Eine Kapelle, ein Wirtshaus und zwei Wohnhäuser. Doch die Gebäude hatten keine vier Wände. Nur Fassade.

Als Xavier Koller die Drehorte ein Jahr vor Drehbeginn aufgesucht hatte, waren sie tief verschneit gewesen. Nicht so am 8. Januar 1979, als die Filmequipe anrückte. Weit und breit keine einzige Schneeflocke. Also machte man zuerst einige Innenaufnahmen. In einem alten Bauernhaus in Spiringen lässt sich der Korber von der attraktiven Rosi im Waschzuber waschen. Das Haus stand leer und wurde danach abgerissen. Es sind oft Filmer, die ein Gebäude noch ein letztes Mal nutzen. Endlich schneite es. Nun konnten die Dreharbeiten richtig losgehen, doch nach ein paar Tagen kam der Föhn und leckte allen Schnee in kurzer Zeit wieder weg. Drei Gruppen schwärmten aus, um Schnee zu suchen, im Wallis, in Grau-

bünden und im Tessin. Oberhalb von Olivone, Richtung Lukmanierpass, wurden sie fündig. Die Hotels hatten eigentlich geschlossen und mussten nun extra öffnen, und Besetzung, Crew, Material, Fahrzeuge mussten mit der Bahn durch den Gotthard transportiert werden. Der Strassentunnel war damals noch im Bau.

Die Leiche des Schirmflickers war bis dahin noch nicht vor der Kamera gewesen. Der Maskenbildner Giacomo Peier hatte für Gesicht und Hände der Leiche zum ersten Mal mit einem speziell entwickelten Latex-Schaum gearbeitet. Als er die Leiche nach den wetterbedingten Verzögerungen hervorholte, stellte er fest, dass sie sich gelblich verfärbt hatte. Eine normale Reaktion, aber das wusste er damals noch nicht. Als er mit ihr von Zürich in die Innerschweiz gefahren war, war sie noch schön bleich. Der Tankwart meinte jedenfalls, dem Kollegen Peiers gehe es nicht gut, bevor er bemerkte, dass es nur eine Puppe war. Der Maskenbildner hatte die Leiche einfach auf den Beifahrersitz geschnallt. Damit man die besonders unschön verfärbten Stellen nicht so gut sah, wurde der Leiche nun immer etwas Schnee ins

OBEN LINKS Die Leiche des Schirmflickers wartet auf der Strasse zur Alp Äsch auf ihren Einsatz.
OBEN RECHTS Der Schirmflicker, gespielt von Paul Bühlmann.
RECHTS MITTE Der Korber, gespielt von Sigfrit Steiner.
UNTEN Echte Innerschweizer vor aufgebauter Kulisse.

Gesicht gestreut, und dieser Schnee fühlte sich, je nachdem, wo gedreht wurde, anders an. Trocken und flockig war er in Olivone, nass und klebrig im Schächental, wo es nun auch wieder schneite. Also zurück auf die Alpennordseite.

Das Dorf auf der Alp Äsch ist Hinterau. Der Schirmflicker ist auf dem Weg dorthin, als er ein Kaninchen findet, das Jäger aus Vorderau geschossen haben. Er nimmt es erfreut mit und brät es am Spiess. Der Korber geht der Nase nach, und die beiden feiern gemeinsam das unerwartete Mahl. Doch der Schirmflicker will noch in der Nacht weiter, weil er hofft, in Hinterau Rosi, seine alte Liebe, zu treffen. Am Morgen findet ihn der Korber erfroren am Weg. Weder in Hinterau noch in Vorderau will man eine Gratis-Beerdigung ausrichten und transportiert die Leiche über die Gemeindegrenze hin und her, bis man bei ihr ein Testament und einen versiegelten Umschlag findet. Das Testament verspricht demjenigen tausend Franken, der für ein christliches Begräbnis und ein festliches Essen sorgt. Nun nehmen ihn die Hinterauer gerne.

Die Sau für das Trauermahl wurde nicht im Kulissendorf geschlachtet, sondern zwischen den echten Alphütten von Hinteräsch. Ein Störmetzger erklärte den Schauspielern, wie es gemacht wird, wie sie zum Beispiel die Eingeweide richtig herausnehmen. Er war bei weitem nicht der einzige An-

Zum Schluss gibt es eine wilde Pferdeschlittenfahrt durchs Brunnital.

sässige, der bei dem Filmprojekt mitmachte. Eine ganze Reihe von Statistinnen und Statisten spielten vor Ort mit oder reisten nach Maur ins Studio, wo fast alle Innenaufnahmen gemacht wurden. Gewohnt wurde im Hotel Illuster in Uster. Für mehr als einen war es der erste Aufenthalt in einem Hotel. Im gleichen Studio wurde der Film auch synchronisiert. Sigfrit Steiner als Korber und Paul Bühlmann als Schirmflicker reden zwar selber und in ihrem eigenen Dialekt, doch die meisten anderen Rollen wurden von Laien in ihrem typischen Urner Dialekt nachträglich aufgesprochen.

Eine der Alphütten von Hinteräsch, oder Chäsgädmeren, wie es auch genannt wird, wurde während der Dreharbeiten beheizt, so dass sich Crew und Schauspieler gelegentlich aufwärmen und einen heissen Kaffee trinken konnten. Als zum Beispiel gedreht wurde, wie die Leiche abgeholt wird, auf einem Strässchen neben dem Schächenbach auf dem Weg zur Alp Äsch, war es fast zwanzig Grad unter null. Die Schminke war bei dieser Temperatur steinhart und unbrauchbar geworden. Es war nicht die einzige kalte Drehnacht. Der Crew waren Teflon-beschichtete Jacken abgegeben worden, und einige trugen Moonboots, die in dieser Zeit gerade aufkamen.

Die Kälte war das Eine. Doch inzwischen hatte es nicht nur ein bisschen geschneit. Die Lawinensituation wurde kritisch, und die Zufahrt zur Alp Äsch ist lawinengefährdet. Jeden Morgen um sechs telefonierte der Produzent Emanuel Schillig mit dem Institut für Schnee- und Lawinenforschung in Davos und erkundigte sich nach der aktuellen Situation. Dann fuhr man in den Kleinbussen möglichst früh los, die Ausstatter zuerst, die Schauspieler zuletzt, die Fahrer alle mit Lawinensuchgeräten ausgestattet, und kehrten erst am Abend zurück, wenn die Lawinengefahr nachliess.

Das gleiche Problem in Vorderau. Das zweite Filmdorf war Färnigen im Meiental. Da hatte sich Xavier Koller einen noch riskanteren Winterdrehort ausgesucht. Im Meiental liegen zwischen dem vordersten Weiler, Husen, und dem hintersten, Färnigen, zwölf bekannte Lawinenzüge. In einer Nacht spitzte sich die Lage so zu, dass eine Rückkehr nach Wassen nicht möglich war. Schauspieler und Crew mussten die Nacht in einem kleinen Raum in der Nähe des Drehorts verbringen. Die Schlussszene des Film spielt im Brunnital bei Unterschächen. Eine Pferdeschlittenfahrt im wildromantischen Tal am gefrorenen Wasserfall vorbei. Und ja, das Brunnital ist ebenfalls lawinengefährdet.

WANDERUNG

UNTERSCHÄCHEN – ALP ÄSCH – ALP WANNELEN – TROGENALP – BRUNNIALP – BRUNNITAL – UNTERSCHÄCHEN

DAS GEFRORENE HERZ (1979)
REGIE Xavier Koller
NACH einer Novelle von Meinrad Inglin
MIT Sigfrit Steiner, Emilia Krakowska, Paul Bühlmann, Giovanni Früh
PRODUKTION Ciné Groupe Zürich, SRF, ZDF, ORF
DREHORTE Alp Äsch, Brunnital, Spiringen, Muotathal, Meiental, Olivone, Uster

START Unterschächen, Ribi
WANDERROUTE Von der Haltestelle Ribi zur Alp Äsch. Etwa auf halbem Weg fand der Nachtdreh bei fast minus zwanzig Grad statt ❶. Auf der Wiese nach dem Begegnungsplatz auf der Alp Äsch standen die extra für den Film aufgebauten Häuser ❷. Geschlachtet wurde in Hinteräsch, auch Chäsgädmeren genannt ❸. Von dort rutscht auch der Sarg ins Dorf. Von der Alp Äsch über die Niederalp und Alp Wannelen zur Trogenalp. Die Wege von dort direkt ins Brunnital hinunter sind sehr steil, deshalb weiter auf dem Höhenweg und über Nider Lammerbach zur Brunnialp. Durch das Brunnital zurück nach Unterschächen. Die Kutsche fährt am vereisten Wasserfall im unteren Teil des Tales vorbei ❹. In Unterschächen geht man direkt auf das Hotel Alpina zu, wo viele der Filmleute untergebracht waren und Sigfrit Steiner und Paul Bühlmann abends oft noch mit Leuten aus dem Dorf zusammensassen ❺.

🕐 5 Stunden

↔ 16 km

↗ 741 m

↘ 801 m

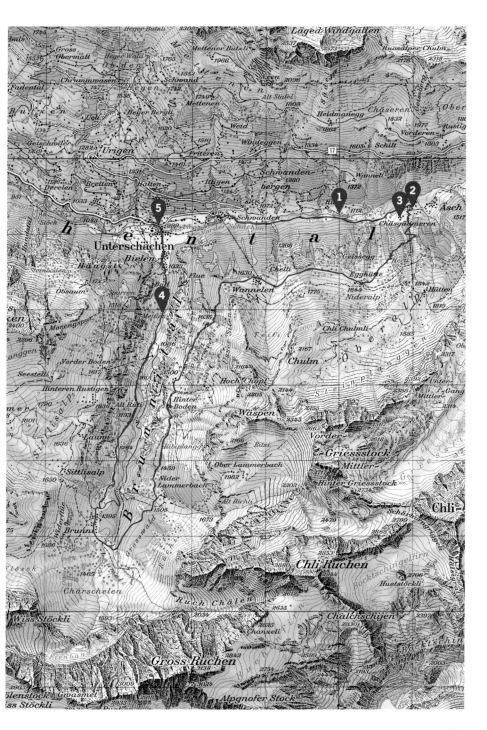

EIN SPIELFILM WECKT ERINNERUNGEN

Für «Das Boot ist voll» standen die Schauspielerinnen und Schauspieler schon fest, bevor überhaupt ein Drehbuch geschrieben war.

Das ganze Dorf war eingeladen zur Vorführung von «Das Boot ist voll». In Siblingen gab es kein Kino, und so machte sich etwa die Hälfte der damaligen Dorfbevölkerung, rund 200 Personen, auf nach Neuhausen. Vom 17. Juli bis am 2. September 1980 hatten die Dreharbeiten gedauert und ein grosser Teil davon war in ihrem Dorf, nicht weit von der deutschen Grenze entfernt, realisiert worden. Hauptdrehort war die Alte Mühle in Siblingen, eine Mühle und eine Gaststube, die zu jener Zeit noch von einem älteren Geschwisterpaar betrieben wurde. In der Garage stand sogar noch ein alter Kleinlaster in der Grösse, wie er im Film gebraucht wurde. Er war noch betriebstüchtig und passte gut in die Zeit, in der der Film spielte.

Später stand die Alte Mühle lange leer, bis die jetzigen Bewohner das Haus gekauft haben und es nun nach und nach originalgetreu renovieren. Weil die Familie alles selber macht, dauert das seine Zeit. Das Erste, was an die Reihe kam, war das Häuschen hinten im Garten. Im Film ist es das Waschhaus, jedenfalls von aussen. Die Innenaufnahmen wurden im richtigen Waschhaus gemacht, das inzwischen zusammengefallen ist. Auch die Gaststube ist im Originalzustand und soll wieder eine Gaststube werden. Die Kinder sind mittlerweile erwachsen und haben ihre eigenen Pläne. In der Mühle und im Gewölbekeller haben sie eine Brauerei mit Eventlokal geplant, und hinter dem Haus soll der Biergarten seinen Platz finden.

Auch im Film ist in dem Haus eine Gaststube. Der Wirt, verkörpert von Mathias Gnädinger, entdeckt die Flüchtlinge, die seine Frau am Morgen in einem Schopf gefunden und mit ins Haus genommen hat. Er meldet sie der Polizei, doch bald schon ist er sich nicht mehr sicher, ob er das Richtige getan hat. Der Film weckte damals manche Erinnerung im Publikum. «Während des Kriegs standen mehr als einmal am Morgen Flüchtlinge vor unserem Haus», erzählt Hans Tenger, der als Statist im Film mithalf, in Balsthal auf dem Industrieareal der «Von Roll» den Tunnel zuzumauern. Auch andere hätten von ihren Erlebnissen mit Flüchtlingen berichtet, nachdem sie sich gemeinsam den Film angeschaut hatten.

RECHTS OBEN Mathias Gnädinger mit den Flüchtlingen auf dem Weg zur Grenze.
RECHTS UNTEN Die Flüchtlinge verstecken sich im Waschhaus.

Der Hauptdarsteller Mathias Gnädinger ist ganz in der Nähe aufgewachsen, auf der anderen Seite von Schaff-
hausen, in Ramsen. 1938, als die
Schweizer Grenze für jüdische Flüch-
linge geschlossen wurde, war er noch
nicht geboren. Der Regisseur Markus
Imhoof hat Mathias Gnädinger kontak-
tiert, als sein Film noch nicht viel mehr
als eine Idee war. Der Schauspieler
erzählte ihm bei dem Treffen, dass sich
sein Vater, gemeinsam mit anderen im
Dorf, in jenen Jahren für ein jüdisches
Paar eingesetzt hat. «Es war allerhand
nötig, bis das Ehepaar in unserm, ob
seinem Asylrecht übertrieben gelobten
Land, wenigstens vorübergehend Schutz

Mathias Gnädinger und Tina Engel in einer Drehpause.

erhielt», notierte Fritz Gnädinger in
seinen Aufzeichnungen über das
Geschehen in Ramsen. Der Regisseur
korrespondierte mit ihm, während er
das Drehbuch schrieb, und liess sich
über die Vorgänge aus erster Hand
informieren.

Wie Mathias Gnädinger hat Markus
Imhoof auch die anderen Schauspielerinnen und Schauspieler schon früh
angefragt. So hatte er ihre Gesichter vor
sich und konnte ihnen die Rollen praktisch auf den Leib schreiben. Einer von
ihnen spielte sogar auch ein wenig
seine eigene Geschichte. Curt Bois war
ein bekannter Schauspieler in Deutschland, als er 1933 nach der Machtergrei-
fung der Nazis emigrieren musste. Eine
unvergessliche Szene ist sein Versuch,
im Waschhaus, wo sich die Flüchtlinge
vor den Behörden verstecken, den kleinen französischen Waisenjungen mit
einem Zückerchen dazu zu bringen,
nicht zu reden, wenn Polizei in der
Nähe ist. Sie hatten nämlich erfahren,
dass Familien mit Kindern unter sechs
Jahren nicht zurückgeschickt würden.
Die Gruppe besteht aus einer jungen
jüdischen Frau, ihrem Bruder, einem
alten jüdischen Mann mit seiner Enke-
lin, einem deutschen Deserteur und
dem französischen Waisenjungen. Die
junge Frau versucht nun, aus der
Flüchtlingsgruppe eine Familie zusam-
menzustellen und den französisch
sprechenden Jungen als ihren Sohn
auszugeben. Der Plan misslingt.

Der Wirt setzt sich dafür ein, dass
die Flüchtlinge wenigstens über die
grüne Grenze nach Deutschland zu-
rückkehren können und nicht den deutschen Behörden ausgeliefert werden.
Weil der alte Mann sehr schwach ist,

packt Mathias Gnädinger alle auf sein Motorrad mit dem Seitenwagen. Zuerst geht es durch eine mit Birken gesäumte Strasse, dann, in der Abenddämmerung, über eine Anhöhe, wo sie der Kavallerie nicht mehr ausweichen können und angehalten werden. Für diese Szene brauchte es mehrere Anläufe, denn für das richtige Dämmerlicht gab es jeweils nur ein kleines Zeitfenster, und einmal ging genau in diesem Moment der Töff kaputt.

Markus Imhoof war selber in der Kavallerie. Während seiner Dienstzeit musste er in den Schaffhauser Wäldern üben, wie man Flüchtlinge aufgreift. Zu jener Zeit war ihm noch nicht bewusst, welche Folgen die Flüchtlingspolitik der Schweiz im Zweiten Weltkrieg für viele Menschen gehabt hatte. Die Wut, nichts darüber erfahren zu haben, weder in der Schule noch in der Kirche, und im Militär noch zu solchen Übungen angehalten worden zu sein, motivierte ihn zusätzlich zu diesem Film, für den er in Berlin einen Silbernen Bären und in Hollywood eine Nomination als bester nicht-englischsprachiger Film bekam.

Die Flüchtlinge mitsamt Wirt werden ins Gefängnis gebracht. Dort trifft die junge Frau ihren deutschen Mann wieder, der in der Schweiz interniert ist. Bei der erstbesten Gelegenheit setzt er sich aus dem Internierungslager ab, schnappt sich ein Fahrrad und versucht, den Weg zu seiner Frau zu finden. Dabei wird er erwischt. Es ist das letzte Mal, dass sich die beiden sehen. Die desertierten deutschen Soldaten dürfen in der Schweiz bleiben, die jüdischen Flüchtlinge werden ausgewiesen aus dem Land, «wo es gleichermassen menschlich und unmenschlich zugeht», wie Friedrich Dürrenmatt dazu schrieb.

Hauptdrehort war die Alte Mühle in Siblingen.

133

WANDERUNG

SIBLINGEN – SIBLINGER-HÖHE – HINTERE BERGHÖF – HALLAUER BERGHÖF – HALLAU

START Siblingen, Dorf
WANDERROUTE Der Wanderweg auf die Siblinger-höhe beginnt bei der Haltestelle, vorher aber noch kurz der Strasse entlang und in die Mühlenstrasse, wo in und vor der alten Mühle gedreht wurde **1**. Das Haus ist an der Treppe gut zu erkennen. Bei der Siblingerhöhe den Höhenweg wählen und weiter Richtung Hintere Berghöf. Beim Baum mit der Bank, wo der Wanderweg ein Strässchen kreuzt, trifft die Flüchtlingsgruppe im Motorrad auf die Kavallerie **2**. Das Motorrad fährt vorher die Haarnadelkurven zwischen Oberhallau und Hintere Berghöf hinauf **3**. Gut einsehbar ist die von Birken gesäumte Strasse auf dem nächsten Wegstück zwischen Hintere Berghöf und Hallauer Berghöf. Dort kommt der geflüchtete Ehemann auf der Suche nach seiner Frau mit dem Velo angefahren **4**, hinter ihm der Blick nach Deutschland. Von dort zuerst der Strasse entlang, dann zwischen den Rebbergen hinunter nach Hallau. Die Bergkirche St. Moritz **5**, an der man vorbeikommt, hat zwar einen ähnlichen Turm wie die Kirche im Film, gedreht wurde aber bei der Kirche in Dinhard.

🕐 2¹/₂ Stunden

↔ 10.2 km

↗ 218 m

↘ 300 m

DAS BOOT IST VOLL (1981)
REGIE Markus Imhoof
MIT Mathias Gnädinger, Tina Engel,
Curt Bois, Renate Steiger, Michael
Gempart, Hans Diehl
PRODUKTION Limbo Film AG, SRF,
ZDF, ORF
DREHORTE Siblingen, Gächlingen,
Oberhallau, Hallau, Dinhard, Balsthal,
Komturei Tobel, Diepoldsau

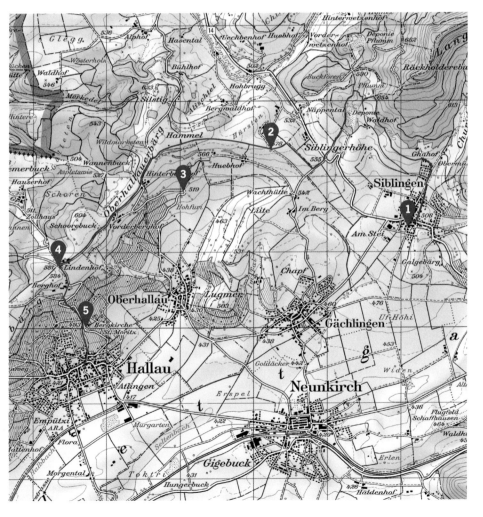

CINECITTÀ IN DER ALTEN KASERNE

Die Rekrutenschule schafft Freundschaften fürs Leben, auch wenn sie in «Achtung, fertig, Charlie!» nur Fiktion war.

Nicolas Steiner kam morgens gegen vier oder fünf, so genau weiss er das nicht mehr, von einer Feier in Brig nach Hause. Seine Schwester hatte ihm ein Inserat hingelegt für ein Film-Casting. Letzter Anmeldetermin: der schon angebrochene Tag. Der Walliser Gymnasiast füllte noch in der Nacht die Anmeldung aus, und weil er gerade kein anderes Foto zur Hand hatte, riss er sein Porträt aus dem Führerschein und legte es mit ins Couvert. Als er aufstand, hatte sein Vater den Brief schon mitgenommen und abgeschickt. Bislang hatte er überhaupt keine Erfahrungen mit Film und auch keine diesbezüglichen Ambitionen. Kein Gedanke daran, dass er bald in einem der erfolgreichsten Schweizer Filme mitspielen und ihn die Leute auf der Strasse erkennen würden. Die Auswahl-Jury, die ihn unter einigen hundert Bewerbern auswählte, gab ihm die Rolle des dauerbekifften Rekruten Schlönz in der RS-Komödie «Achtung, fertig, Charlie!».

Der Film beginnt vor dem Traualtar. Bevor die Trauung vollzogen ist, wird der Bräutigam, Antonio Carrera, abgeführt, weil er nicht zur RS eingerückt ist. Noch im Frack muss er im Kasernenhof beim Exerzieren mittun. Mit dabei auch Rekrut Bluntschi, eine

Schönheit, die unbedingt an der Waffe Dienst tun will. Dank Carrera schafft sie das auch und sie kommen sich näher. Carrera steht nun zwischen Bluntschi und seiner Braut, einer Mafioso-Tochter, Gelegenheit für Verwicklungen und Missverständnisse, und da sind ja auch noch die Kameraden, denen er sich mehr und mehr verbunden fühlt.

Wie Nicolas Steiner spielten auch Melanie Winiger als Rekrut Bluntschi, Michael Koch als Rekrut Carrera, Kaya Inan als Rekrut Weber und Jean Vocat als Rekrut Lombard zum ersten Mal in einem Film mit. Und sie sind alle beim Film geblieben. Melanie Winiger und Jean Vocat, der Welsche in der Gruppe, vor der Kamera, die anderen haben die Seite gewechselt. Michael Koch realisiert gerade seinen ersten Langspielfilm als Regisseur. Kaya Inan hat bislang bei achtzehn Filmen als Cutter mitgewirkt, unter anderem bei allen Filmen von Nicolas Steiner, und der promotet zurzeit seinen neuen Dokumentar-Film «Above and Below». Die drei sind seit den Dreharbeiten für «Achtung, fertig, Charlie!» beste Kollegen.

Gedreht wurde vor allem in der Stadtkaserne Frauenfeld. Im westlichen Flügel haben die Rekruten ihre Schlafsäle und Unterrichtsräume, Hauptmann Franz Reiker sein Büro, die Zelle mit dem vergitterten Fensterchen geht direkt auf den Kasernenhof, und die Küche, wo sich Carrera und Bluntschi auf dem kalten Chromstahl eine heisse Szene liefern, ist im Untergeschoss. In der Halle am anderen Ende des Hofes wird am Besuchstag das Essen ausgegeben, im Hof kurvt der Panzer herum und im Wachhäuschen isst Carrera, der auf dem Weg ist, die Trauung nachzuholen, ahnungslos Haschgüezi von Rekrut Schlönz. In den flacheren Bauten an der Längsseite waren die Büros und die Ateliers von Maske, Kostüm und Requisite untergebracht. «Wir hatten Platz zum Versauen, Verhältnisse fast wie in der Cinecittà», sagt der damalige Produktionsleiter Christof Stillhard. Nur ein Gebäude wurde auch anderweitig genutzt, einmal zum Beispiel für eine Schulung, die dem Filmteam die Tränen in die Augen trieb. Der Dreh hatte noch nicht begonnen, doch die Crew war schon am Arbeiten, als Polizisten im Hof einen Tränengaseinsatz übten.

Nicht nur in der alten Stadtkaserne wurde gedreht. In der neuen Kaserne Auenfeld mühen sich die Rekruten über die Kampfbahn, und auch das Naturschutzgebiet Allmend – ein Teil des Waffenplatzes Frauenfeld – wurde zur Filmkulisse. Dort laufen die Rekru-ten durch das Auenwäldchen, überqueren joggend die Brücke über die Thur, balancieren auf einem Baum über einen Bach und fallen natürlich hinein, üben mit dem Sturmgewehr im Schützengraben und stürmen am Besuchstag vor Publikum eine Stellung. Der Schiessstand, wo Rekrut Bluntschi endlich ihre Schiesskünste beweisen kann, liegt auf der anderen Seite der Thur in Pfyn. Dort steigt Carrera auch zu Hauptmann Reiker ins Auto. Die Schlussszene wurde im Strandbad am Hüttwilersee gedreht.

Nicolas Steiner hat später die RS gemacht, doch so, wie im Film dargestellt, hat er es nicht erlebt. Er war Schlagzeuger bei der Militärmusik. Doch eines hatte die Drehzeit mit einer RS wohl gemeinsam: Am Abend wurde im Hotel Blumenstein vis-à-vis vom Bahnhof Frauenfeld, wo die Filmleute untergebracht waren, öfter tüchtig gefeiert. Auch im Kasernenhof ging es ab und zu hoch her. Anlässe gab es genug. Das Bergfest etwa, wenn die Hälfte der Dreharbeiten vorbei ist, oder immer mal wieder eine Schnapsklappe. Wenn eine Schnapszahl auf der Klappe steht, wird beim Schlagen der Klappe angesagt, wer für die ganze Crew etwas ausgeben muss, einmal ist es Kuchen, einmal Sekt, oft Bier. So will es die Tradition. Nur die Anwohner wollten das nicht so recht verstehen.

Die vier jungen Männer im Vordergrund, von links nach rechts Nicolas Steiner, Jean Vocat, Kaya Inan und
Michael Koch sowie Melanie Winiger (hinten links) sind beim Film geblieben.

WANDERUNG

FRAUENFELD –
ALLMEND FRAUENFELD –
PFYN – HÜTTWILERSEE

START Frauenfeld
WANDERROUTE Die Stadtkaserne Frauenfeld steht
beim Bahnhof, der Eingang ist auf der Rückseite 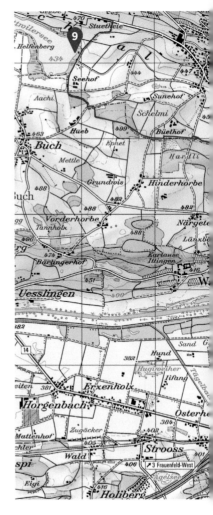.
Hinter der Kaserne vorbei und beim Kreisel durch
die Unterführung. Durch den neu angelegten
Murg-Auen-Park Richtung Allmend/Ochsenfurt.
Die Rekruten laufen im Auenwäldchen bei der
kleinen Brücke vorbei und joggen auf der langen
Brücke über die Thur. Diese Brücke nicht
überqueren, sondern dem Thurweg folgen. Rechts
fallen die Rekruten ins Wasser, führen am
Besuchstag ihr Können vor und machen Schiessübungen. Die Schützengräben sind jetzt zugeschüttet. Nur der oberste Abschluss ist noch teilweise
zu sehen. Weiter der Thur entlang, über die Brücke
nach Pfyn. Oben im Dorf Richtung Frauenfeld/
Ochsenfurt, am Schiessstand vorbei, wo Bluntschi
endlich schiessen kann. Auf der Schützenhaus-
strasse steigt Carrera zu Hauptmann Reiker ins
Auto. Die Abzweigung Weinigen nehmen und weiter
Richtung Hüttwilen. Wo der Wanderweg rechts
hinunter nach Hüttwilen führt zuerst einige Meter
links, dann rechts und etwa fünfzehn Minuten
geradeaus. Wieder auf dem Wanderweg nach rechts.
Beim Hüttwilersee geradeaus zum Bad, wo der Film
endet. Bis zur Haltestelle Stutheien ist es noch
rund eine Viertelstunde. Die Fahrt nach Frauenfeld
führt an der neuen Kaserne Auenfeld vorbei.

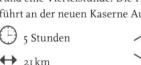

🕐 5 Stunden

↗ 228 m

↔ 21 km

↘ 165 m

140

ACHTUNG, FERTIG, CHARLIE! (2003)
REGIE Mike Eschmann
MIT Melanie Winiger, Michael Koch,
Nicolas Steiner, Kaya Inan, Jean Vocat,
Marco Rima, Mia Aegerter
PRODUKTION Zodiac Pictures
International, Impuls Pictures
DREHORTE Frauenfeld, Pfyn,
Hüttwilen, Bronschhofen (Kirche Maria
Dreibrunnen), Waffenplatz Herisau-
Gossau

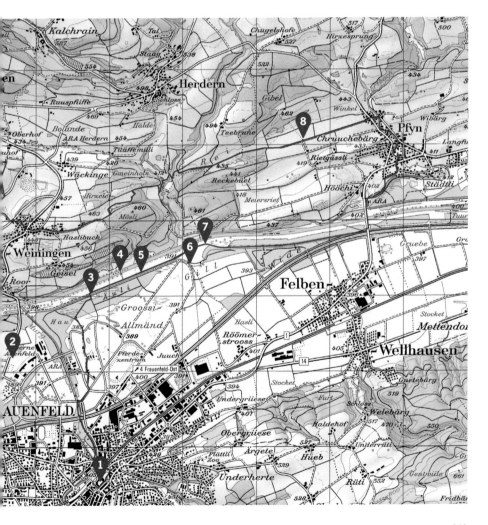

DIE KIRCHE STEHT NICHT MEHR IM DORF

«Romeo und Julia auf dem Dorfe» gehen ins Wasser. Dort, wo der Film gedreht wurde, geht man heute eher in die Luft.

Hans Trommer verbrachte regelmässig seine Ferien im Glatttal. Er kannte die Region bestens, und er kannte auch Gottfried Keller bestens. Sein Grossvater war ein ausgesprochener Fan des Dichters und stolz darauf, aus der gleichen Gegend zu stammen. Kein Wunder, dass die ganze Familie mit dessen Werk vertraut war. Besonders die Novelle «Romeo und Julia auf dem Dorfe» hatte den jungen Trommer schwer beeindruckt, und schon als Jugendlicher machte er sich während der Ferien im Glatttal Notizen für ein Drehbuch. Die Liebe zum Film hatte er früh entdeckt, doch es sollte noch rund zwanzig Jahre dauern, bis er die Novelle verfilmen konnte.

Die Dreharbeiten begannen im Juni 1941 in Oberglatt. Vorausgegangen waren zwei Jahre intensiver Arbeit am Drehbuch, die Suche nach einem Produzenten und vor allem nach Darstellern, die seinen Vorstellungen entsprachen. Als er Margrit Winter spielen sah, wusste er: die oder keine. Nach einer Probe gestand sie scheu: «Herr Trommer, ich möchte Sie um etwas bitten, wegen meinem Freund Erwin ... ich glaube nicht, dass ich mit jemandem, den ich nicht kenne, überzeugend die Verliebte spielen könnte. Ich möchte gerne mit Erwin spielen», erzählt Hans Trommer später in einem Interview. Und so bekam Erwin Kohlund, ihr Freund und späterer Ehemann, die männliche Hauptrolle.

Vreneli Marti und Sali Manz sind als Kinder oft zusammen und spielen gemeinsam auf einem Acker, der etwas erhöht über dem Dorf liegt mit einem weiten Blick gegen das Dorf und über die Felder. Dort begegnen die beiden Kinder auch dem schwarzen Geiger, dem der Acker eigentlich gehört, der aber darum betrogen wurde. Er prophezeit ihnen Unheil. Dann wird Vreneli und Sali der Kontakt zueinander verboten, denn ihre Väter streiten sich um genau dieses Stück Land. Sie prozessieren gegeneinander, bis beide ruiniert sind. Erst als Erwachsene sehen sich Vreneli und Sali wieder, am Ufer der Glatt. Es funkt sofort.

Dieses Wiedersehen wurde als Erstes gedreht, im Juni, mit Bäumen in

RECHTS OBEN Die Theaterschauspielerin Margrit Winter bekam es zum ersten Mal mit einer Kamera zu tun.
RECHTS UNTEN Der schwarze Geiger macht den beiden Kindern eine düstere Prophezeiung.

voller Blüte. Erst danach wollten die interessierten Produzenten entscheiden, ob sie den Film realisieren. Die Bilder gefielen, und im Juli gingen die Dreharbeiten weiter. Gedreht wurde im Dorf und oben auf dem Acker sowie auf Wegen und Feldern zwischen dem Acker und Oberglatt und am Ufer der Glatt. Im Hochsommer. Ferienzeit. Die ganze Dorfjugend von Oberglatt wartete jeweils vor dem alten Schulhaus bei der Kirche, bis die Filmleute bereit waren. Die meisten kamen am Morgen mit dem Zug an und gingen zu Fuss zu ihrer Basisstation, um Material zu holen oder sich umzuziehen und zu schminken. Dann zog der ganze Tross los zum nächsten Drehort, sehr zum Vergnügen der Kinder, die überallhin mitliefen.

Nur einmal durften sie nicht dabei sein. Eines Tages verlässt Vrenelis Vater das Haus, um in der Stadt etwas zu erledigen. Er überquert dabei die Holzbrücke des bekannten Brückenbauers Johannes Grubenmann. Damals stand sie noch in Oberglatt, bevor sie 1950 nach Rümlang verlegt wurde. Doch er überlegt es sich anders, kehrt um und sucht seine Tochter. In der Zwischenzeit haben sich Vreneli und Sali bei ihrem alten Spielort verabredet. Als sie sich auf dem Acker treffen, nehmen sie sich verliebt in die Arme. «Wir durften nicht zuschauen und mussten alle weggehen», erinnert sich Ernst Schaub. Nicht jugendfrei, befand die Produktionsleitung. Als der Vater die beiden schliesslich findet, auf sie losgeht und von Sali einen Stein an den Kopf geschlagen bekommt, gab es keine derartigen Bedenken. Der Vater erholt sich nicht mehr von dem Schlag, und diese Schuld lastet schwer auf den beiden. Sie beschliessen, einen letzten Tag gemeinsam zu verbringen. Zwar wurden verschiedene Szenen am Ufer der Glatt gedreht und der Fluss ist im Film auch immer wieder zu sehen, doch für ihre letzte Fahrt stossen sie ein Boot in der Nähe von Baden in die Limmat.

Beim Schweizer Publikum fiel der Film durch, und sowohl die katholische

OBEN Dreharbeiten in der Sommerhitze.
RECHTS Der schwarze Geiger bekommt Anweisungen vom Regisseur.

Kirche als auch nationalsozialistische Kreise kritisierten den Schluss, so dass er auch im umliegenden Ausland kaum gezeigt wurde. Die Filmkritiker dagegen nahmen den Film begeistert auf, lobten die poetische Bildsprache und schwärmten von der jungen Hauptdarstellerin in ihrer ersten Filmrolle. 1956 drehte Hans Trommer noch einmal im Glatttal, eine Dokumentation über den Landschaftswandel in der Region nahe der Stadt Zürich, zum Teil an genau den gleichen Stellen. «Landschaft im Umbruch» heisst der Kurzfilm.

Seit 1941 hat sich dort tatsächlich vieles verändert. Fünf Jahre nach den Dreharbeiten von «Romeo und Julia auf dem Dorfe» wurde mit dem Bau des Flughafens Zürich begonnen. Rund ein Viertel des Gemeindegebietes von Oberglatt ist Flugplatzgelände. Die Anhöhe, wo Vreneli und Sali als Kinder oft spielten, wo sie sich näher kamen und wo sie ihren Vater schwer verletzten, überfliegen die grossen Vögel in ihrem Landeanflug fast im Minutentakt. Das scheint die Tiere und Pflanzen in den verschiedenen Naturschutzgebieten rund um den Flugplatz nicht sehr zu stören. Oberglatt selber hat sich ebenfalls verändert. Auch dort wurde viel gebaut und umgestaltet. Die Häuser, in denen Vreneli und Sali wohnten, gibt es nicht mehr. Vrenelis Haus brannte ab und wurde neu erbaut, und an Stelle von Salis Heim entstand ein Doppeleinfamilienhaus. Nur der Brunnen vor Vrenelis Haus ist noch da,

inzwischen an die allgemeine Wasserversorgung angeschlossen und nicht mehr an eine eigene Quelle und leicht gegen die Strasse hin verschoben. Auch der Weg, an dem der umstrittene Acker lag, existiert nicht mehr. Er verschwand im Zuge von Meliorationsarbeiten. Und wenn man von der Anhöhe, wo der Acker lag, Richtung Oberglatt schaut und mit dem Ausblick im Film vergleicht, so fehlt da einfach etwas. Der Kirchturm ist verschwunden. 1963 wurde die alte Kirche abgerissen und am gleichen Ort durch eine moderne Kirche ohne hohen Turm ersetzt.

RECHTS OBEN Vrenelis Vater überrascht die beiden Verliebten.
RECHTS UNTEN Margrit Winter und Erwin Kohlund waren auch privat ein Paar.

Vreneli und Sali vor der Dorfkulisse mit Kirchturm.

WANDERUNG

KLOTEN – OBERGLATT – KLOTEN

**ROMEO UND JULIA AUF
DEM DORFE (1941)**
REGIE Hans Trommer, Valerien
Schmidely
NACH einer Novelle von Gottfried
Keller
MIT Margrit Winter, Erwin Kohlund,
Emil Gerber, Emil Gyr, Johannes
Steiner
MUSIK Jack Trommer
PRODUKTION Pro Film
DREHORTE Oberglatt, Zollikon,
Zürich, Limmatufer bei Baden

START Flughafen Kloten
WANDERROUTE Beim Ausgang «Tram/Bus» rechts.
Zwanzig Minuten auf der Strasse bis zur Glatt. Dem
Uferweg entlang zur alten Holzbrücke ❶, die früher
in Oberglatt stand. Durch das Naturschutzgebiet Alte Glattläufe nach Oberglatt. Rechts oberhalb
der Holzbrücke hat Vreneli gewohnt, der Brunnen
steht noch ❷. Am rechten Ufer zwischen den beiden
Brücken treffen sich Vreneli und Sali als Erwachsene
zum ersten Mal wieder ❸. Wo das alte Schulhaus
war, steht heute die Gemeindeverwaltung, gleich
daneben die neue Kirche ❹. Nicht weit weg hat Sali
gewohnt ❺. Weiter dem rechten Ufer entlang und
im Flussbogen dem Wegweiser «bei Schiessbetrieb»
folgen. Zweimal rechts abbiegen. Den Weg zum
Acker ❻ gibt es nicht mehr. Nach dem Findling,
kurz vor der Brätlistelle, links. Dem Weg folgen bis
zum Flughafenzaun. Auf dem Wanderweg
mehrheitlich durch Naturschutzgebiet auf dem
Waffenplatz Kloten-Bülach bis zur Busstation
beim Rega-Hauptsitz in Kloten.
ABKÜRZUNG Bus ab Flughafen Kloten Richtung
Im Rohr bis Werkhof

🕐 4 Stunden

↔ 16.4 km

↗ 65 m

↘ 64 m

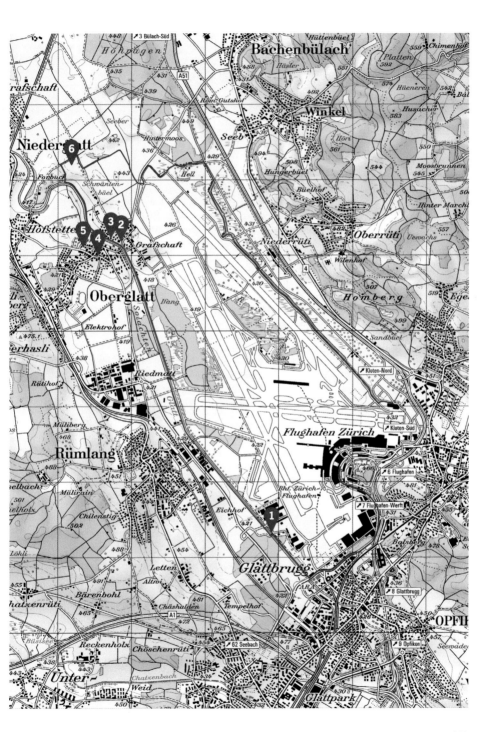

AUF DER SUCHE NACH DEM PLATZ AN DER SONNE

«Der Erfinder» hatte sich den richtigen Sommer ausgesucht, um seine Erfindung zu testen. Für das Filmteam hätte es nicht gar so realistisch sein müssen.

Dass es ausgerechnet in der Schweiz ein Problem werden könnte, eine Kuh zu finden, kann man sich fast nicht vorstellen. War aber so. Allerdings sollte sie etwas können, was eine normale Schweizer Kuh in den 1980er Jahren schon lange nicht mehr draufhatte: Sie musste einen Wagen ziehen. Ein Bauer aus Gibswil, der das Pflügen mit einem Tier noch aus seiner Kindheit kannte, hörte an der Landiversammlung davon und beschloss, eine seiner Kühe zu dressieren. Er zeigte dem Regisseur Kurt Gloor seine jüngste und hübscheste Kuh. Der aber entschied sich für die ausgemergelte Brigitt. «Der Erfinder» spielte ja mitten im Krieg, mitten in einer Krisenzeit. Brigitt lernte schnell und liess sich von Bruno Ganz und Walo Lüönd friedlich führen und machte brav, was ihr beigebracht worden war. Und sie inspirierte den Koch. Der modellierte die Kuh mitsamt Wagen aus Marzipan als Dekoration für die Torte beim Bergfest. Halbzeit beim Dreh.

Die Kuh gehört dem Fabrikarbeiter und Tüftler Jakob Nüssli. Er wohnt mit seiner Frau und seinem Sohn auf einem kleinen Heimet im Zürcher Oberland. Sie arbeitet zu Hause als Stickerin, er in der Drechslerei. Lieber würde er sich ganz seinen Erfindungen widmen. Der Karren, den die Kuh zieht, ist denn auch kein gewöhnlicher Karren. Er hat Räder, die ihre eigene Strasse mitnehmen, wie Nüssli sich ausdrückt. Seine Erfindung. Die meisten halten ihn für einen Spinner, doch mit Hilfe seines Freundes Otti entwickelt er die Idee weiter, und sie funktioniert. Die Räder sinken im sumpfigen Boden nicht mehr ein, nicht im Kies, nicht im Wald. Er wähnt das Patent praktisch schon in seiner Tasche, als er in der Kinowochenschau die Panzer auffahren sieht.

Dass er im Kino sitzen kann und nicht Dienst tun muss, ist nicht selbstverständlich. Viele Männer seines Alters sind eingezogen worden. Auch Nüssli und Otti mussten an die Aushebung. Für diese Szene war in Theatervereinen und Musikgesellschaften der Region nach Statisten gesucht worden. Die Szene war auch der Grund, dass die Herrencoiffeure in den nächsten Monaten nicht so viel zu tun hatten wie sonst. Als die Statisten in der ehemaligen Precisa-Fabrik in Bauma ankamen, die sich die Filmer als Basis eingerichtet hatten, wurden ihnen die Haare kurzerhand auf eine Länge geschnitten, wie

OBEN Nüsslis Wagen mit Strasse wird im Fuchslochbach getestet.
UNTEN Der Erfinder Jakob Nüssli.

sie 1916 üblich war. 1980 trug man die Haare ja gerne etwas länger. Vier Monate hätte er nicht mehr zum Coiffeur gemusst, erzählt einer der damaligen Statisten.

Jakob Nüssli, der Pazifist, simuliert ein eingeschränktes Hörvermögen, um nicht Dienst leisten zu müssen. Auch sein Freund Otti wird nicht eingezogen. Vom Dienst befreit, geniessen die beiden den Tag, fahren mit dem Velo über Land und legen sich in der Sonne ins Gras. «So wohl isch mer lang nid gsi», sagt Otti verträumt. Diese Szene spielt ziemlich am Anfang des Films. Gedreht wurde sie aber erst gegen Schluss. Vorher konnten sich die beiden einfach nicht in die Sonne legen. Die Dreharbeiten dauerten vom 9. Juni bis am 25. Juli 1980. Genau in diese Zeit fiel der Katastrophensommer 1980. In weiten Teilen Mitteleuropas sanken die Temperaturen und der Regen wollte nicht mehr aufhören. Freibäder wurden geschlossen, Pässe ebenfalls, denn im Juli gab es in den Bergen einen Wintereinbruch. Im Juni zählte man im östlichen Mittelland bis zu 24 Regentage, was in den letzten achtzig Jahren noch nie vorgekommen war. Anfang Monat war es zwar noch einige Tage sonnig, dann lagen die Tagesmitteltemperaturen fünf Wochen lang unter dem langjährigen Durchschnitt, im Juni sogar bis zu sieben Grad, und im Juli wurde vielerorts die geringste Sonnenschein-

OBEN Der Regisseur Kurt Gloor und sein Hauptdarsteller Bruno Ganz.
UNTEN LINKS Test im Städeli-Wald. Die Kuh Brigitt weiss, wie der Karren läuft.
UNTEN RECHTS Nüssli verletzt sich in der Drechslerei Kleintal.

dauer seit Messbeginn beobachtet. Seit jenem Jahr gab es in der Schweiz keinen kälteren Sommer mehr.

Für die Produktion war eigens jemand mit einem Tanklaster für Wasser organisiert worden, der für anständigen Sumpf sorgen sollte, denn Nüsslis Räder mit Strasse mussten ja in sumpfigem Gelände fahren können. Natürlich war man davon ausgegangen, dass die Kiesgruben, Zufahrtsstrassen und Waldwege mitten im Sommer trocken sein würden. Nach drei Tagen schickten sie den Mann mit seinem Tanklaster nach Hause. Auch der Garten, der bei Nüsslis Heimet extra angepflanzt worden war, sah immer schitterer aus. Zu diesem Heimet führte nur eine schmale Strasse. Kreuzen ging nicht, und wer von den Filmleuten am Abend zuerst hinuntermusste, musste daran denken, als Letzter hinaufzufahren. Das Heimet war ganz in der Nähe der Drechslerei, wo Jakob Nüssli arbeitete, heute ein kleines Museum, und die wiederum lag am Fuchslochbach, wo der Erfinder seine Idee testet.

Als sie beim Bach drehten, war der Regisseur Kurt Gloor auf einmal verschwunden. Die anderen warteten, wunderten sich und konnten es sich nicht erklären. Nach einiger Zeit tauchte er wieder auf, mit Schnaps und Schokolade für alle – gegen die Kälte. Auch in der stillgelegten Fabrik in Bauma, wo die Filmequipe ihre Basis hatte, war es nicht viel wärmer. Nach der Arbeit fuhren sie ab und zu nach Hermatswil in die Eintracht, um sich aufzuwärmen. Vielleicht wurde da sogar der grosse Kachelofen eingeheizt, der immer noch in der Wirtsstube steht. Das Restaurant kommt auch im Film vor. Draussen wird der Wirt von der Dorfmusik empfangen, als er vom Aktivdienst zurückkehrt, drinnen wird getafelt und diskutiert. Und auf der Strasse vor dem Restaurant, die für den Film extra gekiest wurde, zieht Jakob Nüssli sein Gefährt zum nächsten Test. Natürlich im Regen. Erst in der letzten Juliwoche besserte das Wetter, und jetzt endlich können sich die beiden Freunde in die Sonne legen.

OBEN Martha Nüssli hat kein leichtes Leben.
UNTEN Otti, der beste Freund des Erfinders, gespielt von Walo Lüönd.

153

Es regnet vor der «Eintracht» in Hermatswil.

WANDERUNG

STEG – KLEINTAL – BAUMA – DÜRSTELEN – HERMATSWIL

START Steg

WANDERROUTE Vom Bahnhof aus Richtung Hulftegg. Nach der Brücke auf dem Velostreifen der Strasse entlang. Kurz vor der Abzweigung Vorder Fuchsloch führt Nüssli die Kuh mit Wagen vor der Nagelfluhwand durch den Bach **1**. Auch beim nächsten Weg zum Fuchslochbach hinunter wurde gedreht **2**. Kurz danach führt ein Weg zur Drechslerei, wo Nüssli arbeitet, heute ein Museum **4**. Beim Ober Fuchsloch hat er gewohnt **3**. Zurück zum Bahnhof Steg und von dort nach Bauma. In der alten Precisa-Fabrik hatten die Filmer ihre Basis **5**. Vom Bahnhof aus nach Bliggenswil und weiter Richtung Niderdürstelen. Auf der Strasse bleiben. Kurz vor Dürstelen legen sich die Freunde in die Sonne **6**. In Dürstelen den weiss ausgeschilderten Fussweg nach Fälmis nehmen. Vor dem grossen Bauernbetrieb fahren Nüssli und Otti mit dem Velo durch die Wiese **7**. Nach der Kurve links zum Holzschopf und von dort geradeaus auf den Wanderweg Richtung Schönau. Über die grosse Strasse und dem Waldrand entlang. Im Wald den ersten Weg rechts hinauf, dann wieder rechts. Auf der Lichtung testet Nüssli das weiterentwickelte Raupenfahrzeug **8**. In einem langen Bogen weiter, dann in einer engen Kurve nach links, bis rechts ein Wanderweg nach Hermatswil führt, wo vor und im Restaurant Eintracht gedreht wurde **9**.

ABKÜRZUNG Zug Steg – Bauma

BESONDERES Drechslerei-Museum Kleintal für Führungen und Anlässe auf Anfrage geöffnet.

DER ERFINDER (1980)
REGIE Kurt Gloor
NACH einem Theaterstück von Hansjörg Schneider
MIT Bruno Ganz, Walo Lüönd, Verena Peter
PRODUKTION Kurt Gloor, Rudolf Santschi
DREHORTE Kleintal (Steg), Dürstelen, Hermatswil,
Schalchen (Wila), Neuthal, Gibswil, Wald, Gutenswil,
Neftenbach, Rapperswil, Elgg

5 Stunden

18.5 km

378 m

329 m

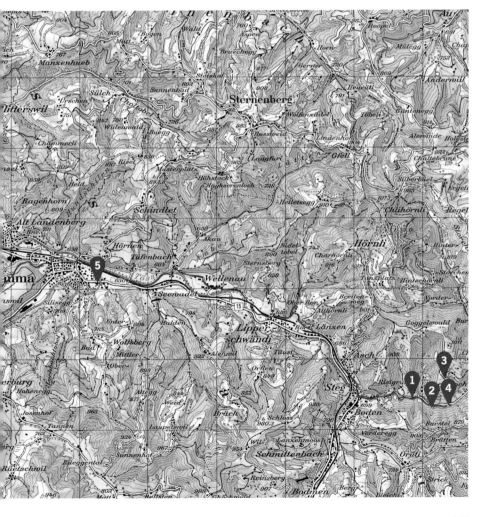

LITERATURVERFILMUNG IM NATURSCHUTZGEBIET

In «Riedland» trifft Technik auf unberührte Natur. Ein bisschen mehr Technik bei den Dreharbeiten hätte zumindest einer Person weniger geschadet.

Kurt Guggenheim hat die Dreharbeiten im Juli 1975 besucht. Er war selber Drehbuchautor und hat bei bekannten Schweizer Filmen wie «Wachtmeister Studer», «Die missbrauchten Liebesbriefe» oder «Gilberte de Courgenay» mitgewirkt. Nun wurde aber nicht ein Drehbuch von ihm verfilmt, sondern sein Roman «Riedland». Das Buch war 1938 erschienen. Schon zwei Jahre vorher hatte er die ersten drei Kapitel bei einem Zeitungsromanwettbewerb eingereicht, damals noch unter dem Titel: «Des Menschen Armut». Dass sein Roman nun verfilmt wurde, war ebenfalls das Resultat eines Wettbewerbs. Epische Schweizer Literatur sollte für den Bildschirm adaptiert werden.

Im Ried wird ein Bohrturm aufgebaut. Ein Konsortium will dort nach Erdöl bohren. Der junge Ingenieur Rochat leitet die Bohrung und verliebt sich bald in Marie, die oft im Ried botanisiert. Während die verhärtete und einsame Lehrerin Therese ihr Geld auf die Zukunft setzt und in das Projekt investiert, nennen andere den Bohrturm nur «Teufelskirche» und tun sich schwer mit dem Einbruch der Technik in ihr Leben. Doch die Erdölsuche kommt nicht recht voran. In der Gegend kommt es zudem immer wieder zu mysteriösen Brandstiftungen, doch Therese realisiert zu spät, wo die Ursache liegt.

Sowohl eine Erdölbohrung als auch Brandstiftungen hatte es im Gebiet, wo «Riedland» gedreht wurde, tatsächlich gegeben, wenn auch nicht gleichzeitig. 1925 liess ein Konsortium von Zürcher Industriellen in Tuggen einen 25 Meter hohen Bohrturm errichten. Der genaue Bohrort war mit einer Wünschelrute ermittelt worden. Die Bohrarbeiten begannen Anfang Juni und sollten bis in eine Tiefe von 1800 Meter vorangetrieben werden. In drei Schichten wurde Tag und Nacht gearbeitet. Die Arbeiter waren teils ansässig, teils wohnten sie im Restaurant Schlüssel in Tuggen, wo auch die Restaurantszenen für «Riedland» entstanden. Tatsächlich fanden sich in verschiedenen Gesteinshorizonten Anzeichen von Öl und Gas. Allerdings erkannte der verantwortliche Geologe bald, dass die Bohrung nicht auf die erwartete Gesteinsschicht stiess. Trotzdem beschloss die Bohrfirma weiterzumachen. Nach einem Jahr mussten alle neunzehn Angestellten entlassen werden. Das Projekt wurde eingestellt. Die

OBEN Eine Kamerafahrt in den 1970er Jahren auf dem Solex.
UNTEN LINKS Anne-Marie Blanc auf dem Bänkli in der Obergasse Uznach. Es ist noch immer da.
UNTEN RECHTS Der Film-Bohrturm stand auf der Grossen Allmeind in Schmerikon.

Bohrkerne blieben zum Teil in Tuggen zurück und bekamen, fünfzig Jahre später, als Filmrequisite einen Platz im Büro des Ingenieurs Rochat. Eine Linde erinnert an den Ort, wo in den 1920er Jahren der Bohrturm stand, und wenn es nach dem Verein «Pro Tuggen» geht, soll dort bald auch eine Gedenktafel stehen. Der Bohrturm im Film wurde aber nicht am Originalplatz aufgebaut, sondern auf der Grossen Allmeind in Schmerikon.

OBEN Dreharbeiten im Restaurant Schlüssel in Tuggen.
UNTEN Der echte Bohrturm stand in Tuggen. Die Belegschaft hatte nur ein Jahr lang Arbeit.

Der Brandstifter ging in den 1930er Jahren um, wurde aber bald erwischt und verbrachte längere Zeit im Gefängnis Bellechasse. Im Film stellt er sich selber, nachdem es mehrmals gebrannt hatte. Eines der Filmfeuer griff dramatisch auf die Wirklichkeit über. Kathrin Brunner sollte den Brand legen. Es war erst ihre zweite Mitarbeit bei einem Film, und eigentlich gehörte das nicht zu ihren Aufgaben. Sie hatte für jemanden einspringen müssen. Zusammen mit einem Kollegen stapelte sie im Kaltbrunner Riet Holz und Holzkisten aufeinander und übergoss das Ganze mit Benzin. Sobald das Okay der Kameraleute kam, die einige hundert Meter entfernt Richtung Uznach positioniert waren, sollte sie einen benzingetränkten Lappen anzünden, auf die Beige werfen und so das Feuer entfachen. Ihr Kollege hielt währenddessen auf der nahen Strasse die Autos auf, damit sie nicht ins Bild fuhren. Während die Filmer auf gutes Licht warteten, breiteten sich die Benzindämpfe unbemerkt langsam aus. Die junge Frau bemerkte auch nicht, dass sie in einer Mulde stand, in der sich die Dämpfe sammelten. Als sie die Beige schliesslich anzündete, stand sie selber sofort in Flammen. Sie wälzte sich im Gras, um die Flammen zu löschen, doch die Haut an Gesicht und Händen war versengt. Eines der angehaltenen Autos fuhr sie ins Spital nach Uznach. Dort brach sie zusammen. Zwei Tage lag sie im Koma und mehrere Wochen im Spital. Noch heute, vierzig Jahre später, sieht man, bis wo das Hemd sie damals vor den Flammen schützte. Kathrin Brunner hat als Ausstatterin und Art Director noch bei Dutzenden Filmen mitgemacht, darunter auch bei James-Bond-Produktionen. Ein Feuer hat sie dabei nie mehr angezündet. Heute würde man ein solches Feuer sicher anders legen. Heute würde vermutlich auch niemand auf die Idee kommen, eine Kamerafahrt auf dem Mofa zu realisieren, und nicht auf irgendeinem Mofa, sondern zeitgerecht auf dem Solex. Eine improvisierte Rückenlehne, der Sitz mit Schaumstoff gepolstert, die Füsse beim Gepäckträger, so liess sich der Kameramann über die schmalen Dämme im Ried stossen, ein Dolly, ein Kamerawagen, der besonderen Art. Die Dreharbeiten fanden zum Teil im Naturschutzgebiet statt. Beschauliche Bilder fangen den speziellen Lebensraum ein. Die Riedflächen sind die letzten Reste der Sümpfe, die vor dem Bau des Linthkanals die Landschaft zwischen dem Walensee und dem Oberen Zürichsee prägten.

Der Film wartet mit einem Staraufgebot auf. Anne-Marie Blanc als Lehrerin Therese, die auf dem Bänkli unter dem Baum in der Obergasse in Uznach sitzt oder im Ried durch die Alleen und den Wasserläufen entlang spaziert, Margrit Winter als Schwester Pia und ihr Ehemann, Erwin Kohlund, als Schiffer auf dem Obersee, Robert Freitag als Waldarbeiter und Walo Lüönd als Landstreicher, der mit den Sprüchen in der gedeckten Aabachbrücke in Schmerikon nicht viel anfangen kann. Claudine Rajchman und Jean-Martin Roy spielen das junge Liebespaar, das sich am Seitenkanal fast bei der Mündung des Linthkanals trifft. Die Schauspieler wohnten fast alle im Strandhotel in Schmerikon.

Mitgemacht haben auch viele Statistinnen und Statisten aus Tuggen, Uznach und Schmerikon. Im «Bad am See» in Schmerikon findet auch die 1.-August-Feier statt. Der Turnverein Schmerikon durfte im Film seine Spezialität zeigen, die Pyramide, wie er das jedes Jahr am 1. August machte. Die Bevölkerung war gebeten worden, Bekleidung aus der Zeit, in der der Film spielt, zur Verfügung zu stellen, wenn sie noch so was habe. Nun können sie sich und ihre Kleider jederzeit im Internet anschauen: Die Produktionsfirma hat vor einiger Zeit den ganzen Film online gestellt, um ihn wieder zugänglich zu machen.

OBEN Rochat und seine Ölbohrung sind manchem ein Dorn im Auge.
UNTEN Ingenieur Rochat hat kein Glück bei der Erdölsuche, dafür in der Liebe.

161

WANDERUNG

UZNACH – KALTBRUNNER RIET – TUGGEN – SCHMERIKON

RIEDLAND (1976)
REGIE Wilfried Bolliger
NACH einem Roman von Kurt Guggenheim
MIT Anne-Marie Blanc, Robert Freitag, Claudine Rajchman, Jean-Martin Roy
PRODUKTION Condor Films
DREHORTE Uznach, Tuggen, Schmerikon, Eschenbach (SG), Bollingen

START Uznach
WANDERROUTE Die Baumbank, auf der Anne-Marie Blanc mehrmals sitzt, steht in der Obergasse ❶. Über die Gleise und geradeaus. Bei der Garage links ins Riet. Im Bereich der Beobachtungstürme im Kaltbrunner Riet wird geheut ❷ und Feuer gelegt ❸. Bei der ersten Informationstafel rechts, beim Pumpwerk wieder rechts. Bei der Grynau über den Seitenkanal und auf dem Dammweg nach Süden, bis eine Brücke über den Linthkanal und den Hintergraben führt. Dem Hintergraben entlang ein Stück zurück und auf dem Wanderweg links nach Tuggen. Kurz vor dem schrägstehenden grossen Ökonomiegebäude links erinnert eine Linde an den ehemaligen Standort des echten Bohrturms ❹. Das Restaurant Schlüssel in Tuggen war Kulisse für die Restaurantszenen ❺. Zurück zur Grynau und von dort nach Schmerikon. Am Seitenkanal, fast bei der Kanalmündung, trifft sich Marie mit dem Ingenieur ❻. Auf der Grossen Allmeind stand der Filmbohrturm ❼, auf der Aabachbrücke wird philosophiert ❽, und im Strandhotel wohnten verschiedene Schauspielerinnen und Schauspieler ❾. Im «Bad am See» in Schmerikon wird der 1. August gefeiert ❿.

🕐 4¹⁄₂ Stunden

↔ 18.5 km

↗ 37 m

↘ 39 m

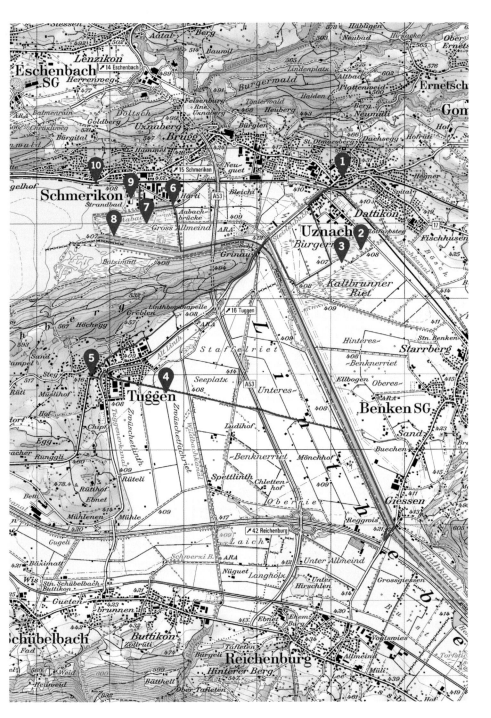

DAS GLÜCK HAT EINEN NAMEN

Anfang Mai 2013 wurde die Grenze zwischen der Schweiz und Österreich geschlossen. Der Grund: Ein Flüchtlingsdrama. Für nähere Angaben siehe «Akte Grüninger».

Der grösste Teil der Dreharbeiten für «Akte Grüninger» war schon ein halbes Jahr vorher abgeschlossen worden. Nun fehlten noch die Szenen auf der Brücke. Eine Gruppe von Flüchtlingen, Männer, Frauen, Kinder, aufgereiht. Zöllner durchsuchen ihr Gepäck auf der Suche nach Wertsachen, bevor sie ausreisen dürfen in die rettende Schweiz. Grenzer stechen auf einen Heuwagen ein, weil sie vermuten, dass sich im Heu Flüchtlinge versteckt haben. Hauptmann Paul Grüninger holt in seinem grünen Auto verbotenerweise Wertsachen von Flüchtlingen über die Grenze, und eine Frau springt aus Verzweiflung über das Geländer der Brücke in den Fluss.

Vier Wochen dauerten die Vorbereitungen für den einen Drehtag. Dann musste es plötzlich schnell gehen an diesem Tag im Mai. Der Verkehr wurde umgeleitet, Strassenlaternen ersetzt, ebenso der Schlagbaum. Kies, Heu und Mist wurden auf der Brücke verstreut, Schilder mussten weg, Fahnen her. Dann konnten die Dreharbeiten beginnen. Dass die Vorbereitungen viel Zeit in Anspruch nahmen, hatte mehrere Gründe. Zum einen musste alles Material, von Nazifahnen bis Pferdemist, genau an dem Tag bereit sein. Die

Gemeinden mussten die Verkehrsumleitung planen, und ausserdem musste ja eine Grenze geschlossen werden. Drehort war nämlich die Wiesenrainbrücke, der Zollübergang zwischen Widnau und Lustenau. Die Verhandlungen waren nicht schwierig, die Behörden wohlwollend. Man kannte sich. Das Team hatte während der Dreharbeiten im Oktober und November in Dornbirn gewohnt und war täglich mit dem ganzen Material von Österreich in die Schweiz gependelt, ein grenzüberschreitendes Projekt.

Am Drehtag auf der Brücke musste die Crew sogar noch Schlepperdienste leisten. Die Brücke war zwar an diesem Tag für den Verkehr gesperrt, ein Durchkommen gab es dennoch. Die öffentlichen Busse fuhren auf beiden Seiten bis an die Brücke heran. Dort mussten die Passagiere bis zur nächsten Drehpause warten, dann begleitete sie jemand von der Filmequipe auf die andere Seite, wo ihr Anschluss wartete. Das Interesse der lokalen Bevölkerung war gross. Den ganzen Tag über war ein reges Kommen und Gehen, und obwohl ständig viele Leute anwesend waren, klappte es ganz gut mit dem Stillsein, wenn die Kamera lief. Einige erzählten

OBEN Diese Flüchtlinge durften noch in die Schweiz einreisen.
UNTEN Das Wachhäuschen am Alten Rhein ist echt und steht noch immer dort.

dazwischen auch von ihren Begegnungen mit Paul Grüninger.

Paul Grüninger war Polizeikommandant des Kantons St. Gallen, als die Schweiz im August 1938 die Grenze für jüdische Flüchtlinge schloss, eine Anordnung, die er nicht unterstützen konnte. Er hatte die Frau gesehen, die lieber in den Rhein gegangen war als zurück nach Österreich, ein Erlebnis, von dem er auch viel später noch erzählte. Er fälschte Unterlagen und ermöglichte damit hunderten Flüchtlingen, in der Schweiz zu bleiben. In einem der Interviews mit der von Steven Spielberg gegründeten USC Shoah Foundation, die zum Ziel hat, Erlebnisberichte von Holocaust-Überlebenden aufzuzeichnen, zu bewahren und pädagogisch zu nutzen, erzählt auch Sophie Haber ihre Geschichte: «Ich hab Glück gehabt und mein Glück hat einen Namen, und der Name ist Paul Grüninger, er hat mir das Leben gerettet.»

Paul Grüningers Aktionen wurden entdeckt. Anfang 1939 wurde er entlassen und nach einem längeren Prozess wegen Amtspflichtverletzung und

Urkundenfälschung zu einer Geldstrafe verurteilt. Zudem musste er die Gerichtskosten übernehmen und verlor seine Rente. Er hatte zwar noch einen anderen Beruf. Seine Mutter hatte darauf bestanden, dass alle drei Brüder zuerst die Lehrerausbildung machten, doch weil er nun vorbestraft war, bekam er keine Festanstellung mehr als Lehrer. Er arbeitete hier und dort, unter anderem als Handelsvertreter, als Verkäufer in Basel und als Aushilfslehrer im Appenzellischen. Nach seiner Entlassung als Polizeihauptmann hatte er die Dienstwohnung in St. Gallen verlassen müssen und war mit der Familie nach Au gezogen, wo er auch beerdigt ist. Au liegt direkt neben Widnau und vis-à-vis von Lustenau. Er kannte die Gegend, denn er hatte schon in Au unterrichtet, und seine Frau war dort aufgewachsen. Als Polizeikommandant hatte er auch ab und zu das Flüchtlingslager in Diepoldsau besucht. Er war keiner, der nur im Büro sass.

Diepoldsau liegt in der Schlaufe des Alten Rheins, der die Grenze zu Österreich bildet. Viele Flüchtlinge kamen von Hohenems oder Lustenau her durch den Alten Rhein in die Schweiz. Die entsprechenden Filmszenen wurden auch dort aufgenommen. Durch das Wasser waten die Flüchtlinge südwestlich des Zollübergangs nach Hohenems, wo es übrigens ein jüdisches Museum gibt. Und wenn Polizeiinspektor Frei die Stelle sucht, so ist das beim Wachhäuschen kurz vor dem Rohr, einem bekannten Übergang nach Lustenau. Am Eisentor beim Rohr erinnert seit 2009 eine Gedenktafel an die Flüchtlinge. Das Wachhäuschen ist echt und steht noch, nur der grosse ver-

Ein Mann, der noch in den Spiegel schauen kann.

drehte Baumstrunk ist inzwischen in sich zusammengefallen.

Frei wohnt übrigens in dem Teil der Fuchsgasse in Widnau, wo man sich fast in einer anderen Zeit wähnt, und stösst dort auf den Flüchtling, der den Zaun instandstellt und den er später verhört. Auch andere Flüchtlinge sieht man in dieser Gasse, zum Beispiel das Paar mit dem kranken Kind, das dort Hilfe findet, und die Gruppe, die noch einreisen konnte, bevor die Grenze geschlossen wurde, auf dem Weg zum Restaurant Alpenblick. Das liegt dann allerdings wieder in Diepoldsau, an der Schmitterstrasse 8, und heisst in Wirklichkeit «Hecht». Das echte Flüchtlingslager lag ganz nahe beim Restaurant Hecht, im Gebäude einer inzwischen abgerissenen ehemaligen Stickerei an der Rheinstrasse 6. Für den Film ist es in Mels.

«Akte Grüninger» hält sich im Wesentlichen an die tatsächlichen Ereignisse bis zur Entlassung Paul Grüningers aus dem Staatsdienst. Es sollte noch lange dauern, bis sein Einsatz gewürdigt wurde. Eine erste Ehrung hat er selber noch erlebt. Die Gedenkstätte Yad Vashem in Jerusalem verlieh ihm 1971 den Titel «Gerechter unter den Völkern». Doch erst mehr als zwanzig Jahre nach seinem Tod wurde er politisch und juristisch rehabilitiert. Inzwischen gibt es in St. Gallen einen Paul-Grüninger-Platz, in St. Gallen, Hohenems, Zürich und Jerusalem Paul-Grüninger-Wege, und 2012 wurde auch die Brücke beim Zoll Diepoldsau nach ihm benannt.

Eine Ehrung hätte ihn wohl besonders gefreut. Im wechselvollen Leben von Paul Grüninger gab es eine grosse Konstante: Fussball. 1946 wurde er erster Präsident des wiederauferstandenen FC Au, und in jüngeren Jahren hatte er als linker Flügel mit dem St. Galler Fussballclub Brühl in der obersten Liga gespielt. Er gehörte auch in der Saison 1914/15 zum Kader, als Brühl Schweizer Meister wurde. Später präsidierte er den Verein. Vor seinem Prozess trat er allerdings als Präsident zurück. 2006 wurde das Stadion des SC Brühl in Paul-Grüninger-Stadion umbenannt.

Dreharbeiten bei der Wiesenrainbrücke zwischen Widnau und Lustenau.

WANDERUNG

DIEPOLDSAU – LUSTENAU – WIDNAU

AKTE GRÜNINGER (1980)
REGIE Alain Gsponer
MIT Stefan Kurt, Max Simonischek,
Anatole Taubmann, Ursina Lardi
PRODUKTION C-Films, SRF
DREHORTE Diepoldsau, Widnau,
Lustenau, Mels, St. Gallen, Tirol, Wien

START Diepoldsau, Dorf
WANDERROUTE Richtung Kirche und durch die
Hintere Kirchgasse bis zur Kreuzung Rheinstrasse/
Schmitterstrasse. An der Rheinstrasse 6 war während
des Krieges das Flüchtlingslager untergebracht ❶.
An der Schmitterstrasse 8 liegt das Restaurant Hecht,
im Film der «Alpenblick» ❷. Beim «Hecht» über
die Strasse und zurück zum Ausgangspunkt. Dort
geradeaus. Vor der Rietbrücke, bekannt aus
«Das Boot ist voll» ❸, links auf den Rheinrundweg.
Im Alten Rhein waten die Flüchtlinge durch das
Wasser ❹. Die Brücke beim Zoll Diepoldsau ist nach
Paul Grüninger benannt ❺. Dem Strandbad
entlang, am Zoll Schmitter vorbei, bis zum alten
Wachhäuschen ❻. Unmittelbar danach rechts durch
das Eisentor nach Österreich. ❼. Dem alten
Rheinarm entlang zur Wiesenrainbrücke, die für die
Dreharbeiten gesperrt wurde ❽. Über die Brücke
zurück in die Schweiz, beim Zoll links. Nach
500 Meter rechts über Bahnlinie und Autobahn.
Bis zur Strassengabelung auf dem Wanderweg nach
Widnau bleiben, dann in die Fuchsstrasse. Die
Häuser der Fuchsgasse 7 bis 17 waren die Kulisse
für verschiedene Szenen ❾.
BESONDERES Ausweis nicht vergessen

🕐 3¹⁄₂ Stunden

↔ 14.2 km

↗ 56 m

↘ 60 m

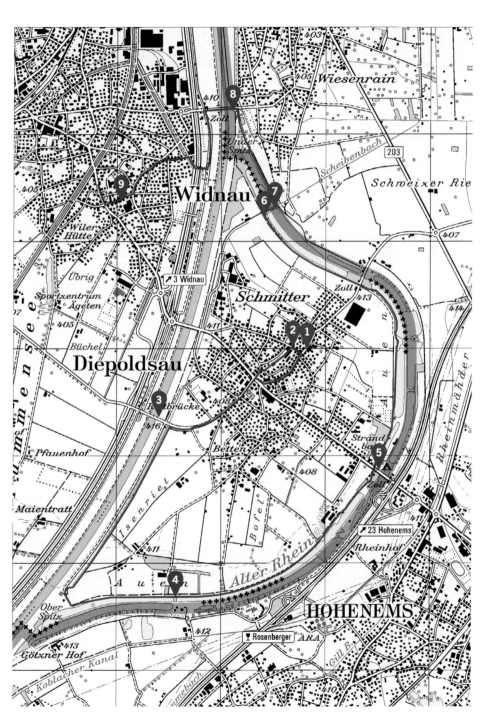

HEIMWEH NACH UZWIL

«Un Franco, 14 Pesetas» ist nicht nur ein Filmtitel, sondern gleichzeitig der Grund, weshalb viele Spanier in den 1960er Jahren in die Schweiz kamen.

«Ein grosser Garten.» So beschrieben spanische Einwanderer dem Regisseur Carlos Iglesias ihren ersten Eindruck von der Schweiz, und auch er selber hat ähnliche Erinnerungen. «Ich kam aus einem Keller an einen wunderbaren Ort mit Flüssen, Wäldern, wo man im Sommer Fahrrad und im Winter Schlitten fahren konnte.» Von 1960 bis 1966 lebte er in der Schweiz, in Uzwil und Oberuzwil, dann wollten seine Eltern zurück nach Spanien: «Ich habe meinen Eltern oft vorgeworfen, dass sie zurückgekehrt sind. Aber als ich das Drehbuch zu diesem Film geschrieben hatte, habe ich mir gesagt, dass ich in diesem Fall vielleicht Fabrikarbeiter geworden wäre anstatt Schauspieler.»

Carlos Iglesias ist in Spanien ein bekannter Schauspieler und Serienstar, doch die Idee zu seinem ersten Film trug er schon lange mit sich herum. Für das Drehbuch hat er nicht nur seine eigenen Erinnerungen herangezogen, sondern zusätzlich mit 58 Familien gesprochen, die ebenfalls in jener Zeit in die Schweiz gekommen waren. Die wirtschaftliche und politische Situation in der Franco-Diktatur zwang in den 1960er Jahren viele in die Emigration, und mit dem Geld, das sie in der Schweiz verdienten, konnten sie die Familie zu Hause unterstützen und für ein eigenes

Heim sparen. Für einen Franken gab es damals vierzehn Pesetas. «Ich habe diesen Film gemacht, damit die Erinnerung an die Emigration in jenen Jahren nicht vergessen wird.» Doch so ernst, wie das jetzt vielleicht klingen mag, geht es in dem Film nicht zu.

«Un Franco, 14 Pesetas» erzählt die Geschichte zweier Spanier, Martin und Marcos, die mit einem Touristenvisum in die Schweiz reisen, um Arbeit zu suchen. Die beiden gelernten Handwerker landen in Uzwil. Ein Bauer nimmt die beiden auf seinem Pferdewagen mit bis zur Fabrik und sie bekommen eine Anstellung als Fräser. Vieles ist für sie schwer zu verstehen in dem neuen Land, und das führt immer wieder zu komischen Situationen, doch dass die Frauen weniger zurückhaltend sind als in ihrer Heimat, realisieren sie schnell, bis Frau und Kind nachreisen und das Junggesellenleben ein Ende hat.

In Spanien war die Komödie ein Kassenschlager und manch einer wird sich schmunzelnd an seine eigene Schweizer Zeit erinnert haben. Die rein

OBEN LINKS Das Gasthaus zur Harmonie wird eingeschneit.
OBEN RECHTS Mitten im Sommer wird es weihnächtlich in Schwellbrunn.
UNTEN Der Regisseur Carlos Iglesias in der Werkstatt.

spanische Produktion ist fast aus-
schliesslich mit spanischen Schauspielern besetzt. Isabel Blanco zum Beispiel, die die blonde Wirtin spielt, in die
sich einer der Gastarbeiter verguckt,
stammt aus einer spanischen Familie
und lebt seit ihrem achtzehnten
Lebensjahr in Spanien. Geboren und
aufgewachsen ist sie in Bern. «Un
Franco, 14 Pesetas» ist aber nicht reine
Fiktion. Der Vater von Carlos Iglesias
arbeitete tatsächlich als Fräser bei der

Firma Bühler in Uzwil, und der Film ist
auch seine Geschichte. Die Firma, bei
der er arbeitete, gibt es immer noch.
Aufgenommen wurden die Fabrikszenen
aber nicht dort, sondern bei der Firma Krüsi in Schönengrund. Die Firma
fertigt Maschinen für den Holzbau in
den alten Backsteingebäuden einer ehemaligen Textilfabrik. Der Firmenchef
spielte im Film sogar selber mit. Er ver-
teilt den Zahltag, und auch die Statisten
in der Werkstatt sind Krüsi-Mitarbeiter.

Carlos Iglesias hatte es sich nicht
nehmen lassen, die Orte und Räum-
lichkeiten selber zu suchen. Eine Gelegenheit, in der Schweiz herumzureisen,
lässt er sich nicht so leicht entgehen. Er
verbringt auch immer wieder Ferien in
dem Land, an das er nur gute Erinnerungen hat. Nach Uzwil, das er als
Zwölfjähriger verlassen musste, hat er
sich oft zurückgesehnt und nennt es
seine «kleine Heimat». Der Zufall wollte es, dass ausgerechnet die frühere
Wohnung der Familie an der Ghürst-
strasse 22 in Oberuzwil während der
Dreharbeiten leer stand, und so konnte
er wenigstens einige Szenen am Ori-
ginalschauplatz drehen. Doch Uzwil
hatte sich verändert, und so suchte sich
der Regisseur ein Dorf, das seinen Erinnerungen an die damalige Zeit ent-
sprach. In Appenzell Ausserrhoden
wurde er fündig. Schwellbrunn mit seinem charakteristischen Ortsbild wurde
sein altes Uzwil.

Das Gasthaus zur Harmonie, in
dem die Neuankömmlinge zuerst
unterkommen, gibt es tatsächlich, und
es heisst auch so. Dort wird im Film
gefrühstückt, geschlafen, geliebt und
gefeiert. Für die Szenen im Schlafzimmer hat der Wirt sogar sein eigenes

OBEN Auch die Firma Krüsi in Schönengrund wird
eingeschneit.
UNTEN 2006 waren Fahrzeuge aus den 1960er Jahren gefragt.

Schlafzimmer zur Verfügung gestellt. Nur wenn die Spanier im Film durch den Gang und auf die Toilette gehen, sind sie plötzlich im «Rössli» schräg via-à-vis. Der «Harmonie»-Saal diente zudem als Rückzugsort für Crew und Schauspieler. Isabel Blanco und mehrere der Crewmitglieder waren im Haus selber untergebracht, die anderen Gästezimmer wurden als Lager und Arbeitsräume benutzt. Und wenn in Schwellbrunn etwas gebraucht wurde, so wandte man sich an die Schwester des Wirts, Gabi Brunner, die wie ihr Bruder in dem Gasthaus aufgewachsen ist. Sie organisierte zum Beispiel die Autos aus jener Zeit und fuhr auch gleich selber, als Double, weil die Schauspielerin keinen Fahrausweis hatte. Eine richtige kleine Filmrolle bekam dafür ihre damals fünfjährige Tochter. Sie spielte die Tochter der Wirtin.

Im Film wird geheiratet, getauft und gestorben, man brätelt am 1. August und feiert Weihnachten. Mitten im Sommer wurde es Winter in Schwellbrunn. Die Geranien mussten weg, dann bekam die Fassade des alten Appenzeller Hauses eine weisse Schicht verpasst, die aus der Nähe an zerrupfte Papiertaschentücher erinnerte. Nur schwer wieder wegzubekommen. Auch am Arbeitsplatz von Martin und Marcos schneite es. Die Firma Krüsi liess die Fassade anschliessend von der Feuerwehr abspritzen, doch noch heute finden sich ab und zu kleine weisse Fetzchen an den roten Backsteinen oder zwischen den Lamellen der Storen.

Frau und Sohn reisen Martin nach in die noch fremde Schweiz.

WANDERUNG

SCHWELLBRUNN – SCHÖNEN-GRUND – SCHWELLBRUNN

UN FRANCO, 14 PESETAS (2006)
REGIE Carlos Iglesias
MIT Carlos Iglesias, Javier Gutiérrez,
Nieve de Medina, Isabel Blanco,
Isabelle Stoffel
PRODUKTION Adivina Producciones
S.L.
DREHORTE Schwellbrunn, Schönen-
grund, Unterwasser, Wildhaus-
Alt St. Johann, Oberuzwil, Wattwil,
Nesslau, Hemberg

START Schwellbrunn
WANDERROUTE Das «Gasthaus zur Harmonie»
war Hauptdrehort. Von der Gaststube aus sieht man
den Ort, wo am 1. August gebrätelt wurde . In
Schwellbrunn den Wanderweg nach Landscheidi
nehmen, im Wald rechts halten (nicht Richtung
Risiwaldhöhe). Bei Risi weiter nach Sitz und Landscheidi. Von dort hinunter nach Schönengrund/
Wald. Im Dorf zuerst nach rechts Richtung Kirche
über die Brücke, dann links auf den Wanderweg
nach Schwellbrunn. Schon bald sieht man links auf
das Fabrikgelände der Firma Krüsi . Vom Land-
wirtschaftsgebäude zwischen Wanderweg und
Fabrikareal fährt der Pferdewagen zur Fabrik .
Auf dem Wanderweg zurück nach Schwellbrunn.
Jedoch beim Wegweiser «Schwellbrunn 10 Min.»
nicht diesen Weg wählen, sondern noch kurz weiter
Richtung Säntisblick und erst beim nächsten
Wegweiser nach Schwellbrunn abbiegen. Eingangs
Dorf sitzt Marcos mit Frau und Kind auf einem
Bänkli, das Dorf im Rücken ⑤. Ein Bänkli gibt es
dort nicht.

🕐 3 Stunden

↔ 10.3 km

↗ 439 m

↘ 440 m

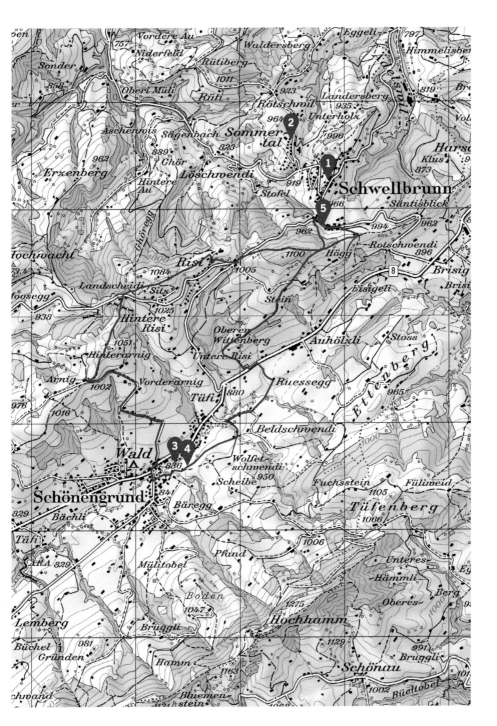

PREMIERE NACH DREISSIG JAHREN

Die Dreharbeiten zu «Es geschah am helllichten Tag» durften die Churer Schulkinder zwar sehen, aber nicht den Film.

«Es geschah am helllichten Tag.» Aber so hell war es gar nicht. Leicht dunstig, Zwielicht wie in der Dämmerung. An diese Stimmung erinnert sich Verena Gruber gut, als ob der Regisseur genau auf diese Tageszeit gewartet hätte, um zu drehen, nachmittags, wenn die Sonnenstrahlen schräg von Westen her einfallen. Sie besuchte damals mit ihrer Schulklasse die Dreharbeiten im Fürstenwald ob Chur. «Da standen riesige Scheinwerfer im Wald, ein Generator, Kameras, aber auch Geräte, von denen wir keine Ahnung hatten, wozu sie gebraucht wurden», erzählt die Churer Stadtführerin. Die Schulkinder beobachteten, wie einzelne Szenen gedreht wurden, doch worum es eigentlich ging, konnten sie sich aus den wenigen Puzzleteilen, die sie mitbekamen, nicht zusammenreimen. Und den Film anschauen durften sie auch nicht, als er fertig war. Sie waren noch zu jung dafür.

In einem Wald findet ein Hausierer die Leiche eines kleinen Mädchens und wird prompt von allen verdächtigt, sie ermordet zu haben. Nur Kommissar Matthäi glaubt nicht an seine Schuld und verspricht den Eltern, den wahren Täter zu finden. Bei seinen Recherchen stösst er auf Anhaltspunkte dafür, dass der Mörder aus Graubünden kommt. Er mietet eine Tankstelle am Weg, sieht im Ort ein kleines Mädchen, das dem ermordeten Kind ähnlich sieht, und setzt es als Lockvogel ein. Schrott, ein Geschäftsmann von mächtiger Statur, mit kleinen Augen in einem feisten Gesicht, fährt mit seinem schwarzen Buick bei der Tankstelle vorbei und entdeckt Annemarie beim Spielen unter dem Nussbaum am Strassenrand. Einige Tage später kehrt er zurück, beobachtet sie und überrascht sie im nahen Wäldchen. Doch weil er mit einem Kasperli spielt, verliert sie schnell ihr Misstrauen.

Das Drehbuch schrieb kein geringerer als Friedrich Dürrenmatt. Allerdings endet der Film nicht so, wie er das eigentlich gewollt hat. Im Film gelingt es dem Kommissar schliesslich, den Mörder zu fangen. Nicht so in Dürrenmatts Drehbuch, und auch in seinem Roman «Das Versprechen», den er nach dem Film schrieb, wartet und wartet der Kommissar auf den Mörder und dreht langsam durch. Spätere Verfilmungen des Stoffs folgen dieser Version. Anders in der Verfilmung mit Heinz Rühmann als Kommissar. Es war seine erste ernste Rolle: «Ich möchte einmal weg vom Typ des kleinen, ver-

OBEN Der Kommissar lässt die kleine Annemarie gegenüber der Tankstelle Lockvogel spielen.
UNTEN Gert Fröbe als Schrott lockt Annemarie mit dem Kasperli.

OBEN Anita von Ow, die Annemarie spielt, darf auch einmal an die Kamera.
UNTEN Mit Kamera, Scheinwerfer, Wagen und Filmcrew sieht Schrott nicht mehr so unheimlich aus.

schmitzten Bürgers. Ich will einen Charakter, einen Menschen mit all seinen guten und schlechten Seiten aufzeigen, ohne dass das Publikum bereits lacht, wenn man nur am Rande des Bildrahmens erscheint», erklärte er. Doch ein Film so ganz ohne versöhnliches Ende wäre dann wohl doch etwas zu weit gegangen, und so wurde Dürrenmatts Drehbuch überarbeitet.

Gedreht wurde nicht nur im Fürstenwald ob Chur, sondern auch in der Stadt selber. Den Kommissar sieht man auf dem Martinsplatz und dem Regierungsplatz, die Apotheke betritt er an der Poststrasse, und wenn Schrott die auf den ersten Blick fast lebensechten Kinderpuppen in den grossen Schaufenstern anhimmelt und ihn der Kommissar dabei beobachtet, so stehen sie vor dem damaligen Globus am Kornplatz. Das Filmzuhause des Bösewichts liegt an der Oberen Plessurstrasse 5, und muss er von Chur aus geschäftlich ins Unterland, kommt er tatsächlich in Trimmis vorbei. Dort hat sich der Kommissar installiert. Als er hinauf ins Dorf zum Einkaufen fährt, sieht er die kleine Annemarie, die ihn an das getötete Kind erinnert. Sie spielt an einem der grossen Brunnen im Dorf. Er spricht sie an und wartet mit ihr vor dem Haus, in dem sie wohnt. Dort sieht man Annemarie später auch einmal aus einem kleinen Fenster klettern, sieht, wie sie über die Brücke geht, vorbei an den Rindern, die dort am Brunnen trinken. Als die Mutter kommt, engagiert er sie als Haushälterin, und Annemarie ist fortan oft in der Nähe der Tankstelle.

Die Tankstelle, die der Kommissar gemietet hat, liegt im unteren Teil des

Dorfes an der Deutschen Strasse 10. Eine Tankstelle sucht man da aber vergeblich. Vor dem Haus steht keine Zapfsäule, nur ein Milchautomat. Das Wohnhaus ist etwas vergrössert worden und vor der Haustür ist ein Vorbau. Auch der Baum auf der anderen Strassenseite fehlt. Doch viel hat sich nicht verändert. Hans Peter Sutter hat als Neunjähriger die Dreharbeiten direkt miterlebt, ein Riesengaudi sei das gewesen. Er wunderte sich nur, warum das Mädchen unter dem Nussbaum auf der anderen Seite der Strasse spielen durfte. Ihm war das nämlich verboten.

Er wuchs in dem Bauernhaus auf, das die Filmleute mit einem Vorbau, einer Zapfsäule und einem Plakat kurzerhand in eine Tankstelle verwandelten. Im Vorgarten war der Zaun entfernt worden, damit Kameras und Scheinwerfer genug Platz hatten. «Wenn gedreht wurde, musste ich immer ganz still sein und durfte mich ja nicht zeigen», erinnert er sich. Aber natürlich hat er ab und zu versucht, einen Blick zu erhaschen. Heinz Rüh-

mann und Gert Fröbe, der den Schrott spielte, waren sogar gelegentlich im Haus. Einmal kam Fröbe direkt von einer langen Fahrt zum Dreh und bat darum, sich in der Stube kurz hinlegen zu dürfen. Hans Peter Sutter amüsiert sich noch immer, wenn er an das Bild denkt, das der Schauspieler abgegeben hat, denn das Sofa war viel zu kurz für den grossen Mann. Heinz Rühmann mit seinen 1.65 Meter hätte da keine Mühe gehabt.

Als kleine Entschädigung für alle Unannehmlichkeiten bekamen seine Eltern Freibillette für den Film. «A gruusigi Gschicht», kommentierte die Mutter hinterher. Er selber hat den Film erst dreissig Jahre später zum ersten Mal gesehen. «Wir kauften 1987 unseren ersten Fernseher und da lief er dann bald einmal.» Heute merkt er es jeweils, wenn der Film im Fernsehen wiederholt wurde. Er wohnt immer noch in dem Haus, und nach jeder Wiederholung machen sich wieder einige Leute auf die Suche nach der Tankstelle, die keine ist.

LINKS Schrott vor seinem Filmzuhause an der Oberen Plessurstrasse 5 in Chur.
RECHTS Der Bösewicht fährt an die Tankstelle und tankt beim Kommissar.

WANDERUNG

TRIMMIS – FÜRSTENWALD – CHUR

ES GESCHAH AM HELLLICHTEN TAG (1958)
REGIE Ladislao Vajda
DREHBUCH Friedrich Dürrenmatt, Hans Jacoby, Ladislao Vajda
MIT Heinz Rühmann, Gert Fröbe, Anita von Ow, Michel Simon
PRODUKTION Praesens Film AG, Chamartín S.A., CCC-Film
DREHORTE Trimmis, Chur, Ems, Tardisbrücke, Bonstetten, Zürich, Kloten

START Trimmis, Alt Strass
WANDERROUTE Hauptstrasse überqueren, der Weg beginnt hinter der Mauer. Nach der Unterführung links, nach dem Wäldchen wieder links bis zur Strasse. Dort war die Tankstelle ❶, und gegenüber spielte Annemarie. Hinauf ins Dorf, bei Saliet über den Bach und weiter hinauf bis Platz. Dort steht der Brunnen mit den Rindern ❷. Annemarie wohnt auf der anderen Seite der Brücke am Müliweg 1. Geradeaus weiter, bis es links hinauf zur ev.-ref. Kirche geht. Dort kauft der Kommissar ein ❸. Beim Brunnen auf Cadruvi sieht er Annemarie zum ersten Mal ❹. Von dort auf den Wanderweg nach Waldhaus, dann Richtung Waisenhaus und durchs Gässli in die artenreiche Heckenlandschaft mit vielen Trockenmauern. Wenn es offener wird, links auf die Witenen. Im Frühling und Herbst ist jeweils das Vieh auf der gemeinschaftlich genutzten Weide, dazwischen blüht sie richtig auf. Immer leicht aufwärts und wieder in den Wanderweg nach Waldhaus einbiegen. Dort besuchten Schulklassen die Dreharbeiten ❺. Beim Waldhaus links dem Wald entlang hinauf, dann rechts nach Kleinwaldegg und weiter Richtung Chur-Hof. Bei der Haarnadelkurve nach Chur-Stadthaus abzweigen. Drehorte in der Altstadt ❻: Martinsplatz, Regierungsplatz, Poststrasse und Kornplatz. Schrott wohnt an der Oberen Plessurstrasse 5 ❼.

🕐 3½ Stunden   ↗ 320 m

↔ 10 km   ↘ 282 m

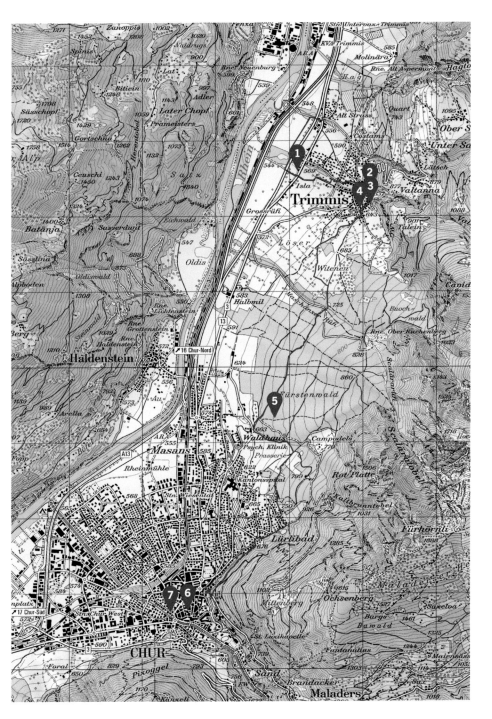

SHOWDOWN AUF DEM FRIEDHOF

Bei der Beerdigungsszene in «Die letzte Chance» schoss die Kamera weit über das Ziel hinaus, und fast hätte deshalb der ganze Film begraben werden müssen.

Drei Monate lief er in London und fast ebenso lange in Paris, und das dreimal täglich in ausverkauften Häusern. In den USA wurde «Die letzte Chance» sogar an die Spitze der zehn besten Filme des Jahres gewählt und erhielt einen Golden Globe, und in Cannes wurde ihm der Internationale Friedenspreis zugesprochen. «Die letzte Chance» war international einer der erfolgreichsten Schweizer Filme, und auch in der Schweiz hat er rund eine Million Zuschauer ins Kino geholt. Der Film brachte ein Thema auf die Leinwand, das damals viele auf die eine oder andere Art beschäftigte, das aber von offizieller Seite möglichst nicht zur Sprache gebracht wurde: das Schicksal der Kriegsflüchtlinge.

Eine Gruppe von jüdischen Flüchtlingen, darunter auch Kinder und ältere Personen, versucht, von Italien über die Berge in die Schweiz zu gelangen. Ihnen ist klar, dass sie den beschwerlichen Weg durch Schnee und Eis und vorbei an den Grenzposten alleine

kaum schaffen werden. Ein Pfarrer bringt sie mit drei alliierten Offizieren zusammen, denen es gelungen ist, aus einem Gefangenenzug zu entfliehen, und die nun ebenfalls in die Schweiz wollen. Die Offiziere sind Strapazen gewohnt und könnten sich alleine besser in Sicherheit bringen, übernehmen jedoch die Verantwortung und führen die Gruppe an. Einer von ihnen, der englische Lieutenant John Halliday, wird von einer Grenzpatrouille angeschossen, schwer verletzt und stirbt. Seine Beerdigung wurde auf dem Friedhof von Lantsch aufgenommen, einem Friedhof, der bekannt ist für seine kunstvollen schmiedeeisernen Kreuze. Er liegt etwas westlich des Dorfes mit Blick talauswärts und auf die umliegenden Berge. Und genau da lag das Problem.

Die Dreharbeiten fanden ja während des Zweiten Weltkrieges statt, und in dieser Zeit unterstanden alle Filmproduktionen der Zensur. Ziel der Zensur war es unter anderem zu verhindern,

RECHTS OBEN Der Piz Arblatsch hätte bei der Beerdigung auf dem Friedhof in Lantsch/Lenz nicht auf den Filmaufnahmen zu sehen sein dürfen.
RECHTS UNTEN Eine endlose Flüchtlingskolonne bewegt sich Richtung Schweiz. Der Einzelbaum, an dem sie vorbeikommen, steht übrigens immer noch da.

dass Bilder von Landschaften publiziert würden, die einem Angreifer wertvolle Informationen liefern könnten. Die Praesens Film, die für die Produktion verantwortlich war, musste für jeden einzelnen Drehort eine Bewilligung einholen. Manchmal kam der Bescheid schnell, manchmal dauerte es Wochen, einmal war er positiv, ein andermal abschlägig. Dann musste ein neuer Drehort gesucht werden. Manche der Entscheide waren einsichtig, manche auch nicht. Es wurden zum Beispiel auch Drehorte abgelehnt, von denen es überall Postkarten zu kaufen gab, und so kam der Verdacht auf, dass der Film nur verzögert oder sogar verunmöglicht werden sollte, zum einen weil das Thema umstritten war, zum anderen gab es Vorbehalte gegen den Chef der Produktionsfirma, Lazar Wechsler, und den Regisseur, Leopold Lindtberg, beides jüdische Einwanderer.

Die Dreharbeiten dauerten schon fast vier Monate, als sich die Lage Ende Februar 1945 auf dem Friedhof von Lantsch zuspitzte. Die Aufsichtsbehörde war der Meinung, dass die dort gemachten Aufnahmen weit über das Erlaubte hinausgingen. Eine Drehbewilligung für den Friedhof lag zwar vor, doch eben nur für den Friedhof. «Ausblicke auf die umliegende Landschaft dürfen nicht gefilmt werden», hiess es da. Um die behördlichen Anweisungen zu überwachen, war ständig mindestens ein Kontrolleur anwesend. In Lantsch waren es zeitweise sogar fünf: drei von der Heerespolizei und je einer vom Territorialkommando und von der Geheimpolizei. Trotzdem kam es offenbar zu nicht genehmigten Panoramaaufnahmen.

Auf dem Friedhof wurde nicht nur die Beerdigung des englischen Offiziers gedreht, sondern auch die Schlussszene des Films. Die Flüchtlingskolonne, die sich endlos Richtung Schweiz bewegt, läuft eigentlich durch die verschneite Landschaft von der Kirche St. Maria weg Richtung Südwesten. Und alle diese Aufnahmen wurden nun beschlagnahmt. Nachdem sie entwickelt und gesichtet worden waren, bestätigte sich der Vorwurf. Der Film zeige «zahlreiche Aufnahmen ... in Richtung Oberhalbstein–Julier, Piz Aela und Landwasser». Ein Hin und Her begann, bis Hilfe von politischer Seite kam, von ganz oben. Das Material wurde zurückgegeben «im Interesse der Fertigstellung des Films», weil sich der Bundesrat dadurch einen positiven Blick auf die Schweizer Flüchtlingspolitik erhoffte. Der Produktionsfirma wurde aber auch klargemacht, dass ihr Verhalten ein Grund gewesen wäre, alle Aufnahmen der letzten Monate zu beschlagnahmen.

Es war nicht das erste Mal, dass die Realisierung des Films in Frage gestellt war. Die für die Rolle der drei alliierten Offiziere vorgesehenen Männer waren nämlich tatsächlich alliierte Offiziere, die in der Schweiz interniert waren, zwei in Wengen und einer in Sirnach. Sie hatten bei ihrer Flucht teils sogar ganz ähnliche Geschichten erlebt, wie sie im Film erzählt werden. Aber eben, sie waren interniert, und es erwies sich als äusserst schwierig, Arbeitsbewilligungen für sie zu bekommen. Die zuständige Behörde befürchtete Spionage, da ein grosser Teil der Aussenaufnahmen im Tessin nahe der Grenze gedreht werden sollte.

Es klappte dann doch noch und die
internierten Offiziere durften mitspielen: der Amerikaner Ray Reagan, der
sich nach den Dreharbeiten der US Air
Force im Pazifik anschloss, der Engländer John Hoy, der später eine Tessinerin
heiratete, und sein Landsmann Ewart
G. Morrison, der im Film in den Kleidern spielte, die er tatsächlich bei seiner
eigenen Flucht getragen hatte. Er spielte später nochmals in einer Produktion
der Praesens Film mit. «The Search»,
deutscher Titel «Die Gezeichneten»,
unter der Regie von Fred Zinnemann,
wurde ebenfalls ein internationaler
Erfolg und gewann zwei Oscars.

OBEN «Die letzte Chance» war auch in New York ein
grosser Erfolg.
UNTEN Der Regisseur Leopold Lindtberg und der Kameramann
Emil Berna bei den Dreharbeiten im Schnee.

WINTERWANDERUNG

LANTSCH/LENZ – ROFNA – KIRCHE ST. MARIA – LANTSCH/LENZ

START Lantsch/Lenz Post
WANDERROUTE Die Winterwanderwege sind pink ausgeschildert. Die Route 206 wählen. Diese Rundwanderung geht stetig leicht aufwärts bis Rofna . Von dort Aussicht auf das Dorf und die umliegende Landschaft, die nicht gefilmt werden durfte.
Die Kirche St. Maria ist die entferntere der beiden Kirchen. Weiter auf dem Winterwanderweg bis hinunter ins Dorf. Nun den Wegweisern «Baselgia Viglia» zur Kirche St. Maria folgen. Dort auf dem Friedhof wurde die Beerdigung von Lieutnant Halliday gedreht wie auch die Schlussszene mit der Flüchtlingskolonne . Zurück zum Dorf und links zur Post.

🕐 2 Stunden

↔ 6 km

↗ 199 m

↘ 199 m

DIE LETZTE CHANCE (1945)
REGIE Leopold Lindtberg
MIT Therese Giehse, Ewart G.
Morrison, John Hoy, Ray Reagan
DREHBUCH Richard Schweizer
PRODUKTION Praesens Film AG
DREHORTE Lantsch/Lenz, Filisur,
Bernina, Gandria, Lamone, Riva San
Vitale, Mergoscia, Lavertezzo,
Maggia-Delta, Locarno, Ascona,
Arcegno, Alpe di Neggia, Zürich, u.a.

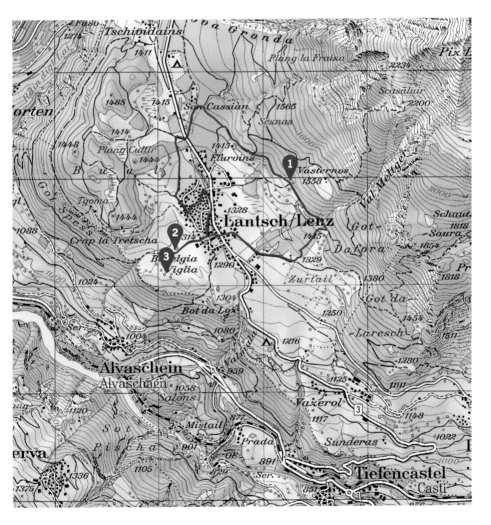

KEINE ANGST VOR GROSSEN TIEREN

Für den Familienfilm «Clara und das Geheimnis der Bären»
gab es Probleme mit der Pubertät, nicht mit der Pubertät der Kinder,
sondern der der Bären.

Sechs Jahre haben die Vorbereitungen für diesen Film gedauert. Vor allem die Suche nach geeigneten Drehorten hatte viel Zeit gekostet. Die waren nun gefunden. Trotzdem war einige Monate vor Drehbeginn noch immer nicht klar, ob die Dreharbeiten überhaupt würden starten können. In der Rechnung war nämlich eine grosse Unbekannte. «Es war eine Planung mit einem ungeborenen Kind», sagt der Produzent Simon Hesse. Und das meint er nicht etwa im übertragenen Sinn. Das Kind, auf dem der ganze Film aufbaute, war aber kein Menschenkind, sondern ein Bärenkind.

Clara begegnet einem kleinen Bären und glaubt, auch seine Mutter gesehen zu haben, doch niemand will ihr so recht glauben, denn die Bärenmutter wurde getötet und das Bärenjunge kann allein nicht überlebt haben. Nur ihr Schulfreund Thomas steht hinter ihr. Dann findet ihr Vater beim Umgraben vor dem Haus einen alten Schuh. Er hatte einem Mädchen gehört, das 200 Jahre früher in dem Haus lebte. Ihr Vater hatte damals einen kleinen Bären gefangen, um ihn zu verkaufen. Susanna, so hiess das Mädchen, wollte ihn befreien, um ihre Familie zu schützen, denn auf denen, die die Bären schlecht behandeln, lastet ein Fluch. Clara träumt seltsame Dinge und scheint irgendwie verbunden mit den damaligen Ereignissen. Wie genau und was sie zu tun hat, das muss sie erst noch herausfinden.

Im Januar 2011 wurde alles eingefädelt in der Hoffnung, dass im Frühsommer dann tatsächlich ein kleiner Bär zu haben sein würde. Der Hauptdreh war zwar für den Herbst geplant. Herbst ist aber eine schwierige Zeit für kleine Bären. Ihre Mütter bringen sie Anfang Jahr zur Welt. Im Sommer sind sie dann so richtig putzig. Doch das geht schnell vorbei. Schon bald sind sie mitten in der Pubertät, können unausgeglichen, aggressiv und unberechenbar werden. Für die Dreharbeiten mit dem kleinen Bären konnte man daher nicht bis im Herbst zuwarten, deshalb wurden alle Szenen, in denen er vorkommt, vorgezogen.

Der Stall, in dem er eingeschlossen ist, steht in Sur, die anderen Szenen wurden beim Julierpass und vor allem auf der Alp Flix gedreht. Dort, im Hochmoor von nationaler Bedeutung, sieht ihn Clara zum ersten Mal und füttert ihn. Er tollt auf der Alp herum. Dass er dabei in ein Sumpfloch fällt, war aber

OBEN Auf der Alp Flix begegnet Clara dem Bärenkind zum ersten Mal.
UNTEN Bärin und Trainer sind konzentriert an der Arbeit – hinter einem Elektrozaun.

nicht geplant. Hinterher war er ganz verdreckt. Seine Trainer liessen ihn in einem nahen Bächlein spielen, doch da rann so wenig Wasser, dass er nicht richtig sauber wurde. So leerte die Crew alles, was sie an Mineralwasser dabei hatte, über das Tier und schrubbte es mit allen verfügbaren Tüchern wieder trocken, damit die Dreharbeiten weitergehen konnten. Auf der Alp Flix entdeckt Clara auch die verletzte Kuh auf der Weide, und die Wilderer treiben sich zunächst in einem Wäldchen bei den Lais da Flix herum, bis alle beim Julier aufeinandertreffen. Auf dem Weg zum Julier kommen Clara und Thomas übrigens ebenfalls zunächst bei den Seen auf der Alp Flix vorbei. «Filme haben ihre eigene Geografie», meint Simon Hesse. So wurde zum Beispiel auch der Bahnhof Filisur kurzerhand in Bergün-Filisur umgetauft.

Mit den ausgewachsenen Bären wurde vor allem beim Julierpass gedreht, in einer Senke nahe der Passhöhe, in einer hochalpinen Umgebung. Dort trifft Clara schliesslich den grossen Bären. Doch es ist nicht die Bärenmutter, sondern Pablo, der Vater. Ricarda Zimmerer, das Mädchen, das

die Clara spielte, kam den Tieren tatsächlich so nahe, wie es im Film aussieht. Eine Hauptdarstellerin zu finden, war schwierig. Erst nach rund zwei Jahren Suche stellte sich die fünfzehnjährige Münchnerin bei einem Casting in Berlin vor. Sie hatte schon in verschiedenen Filmproduktionen mitgewirkt. Ausserdem spielte sie Theater. Clara war aber ihre bislang grösste Rolle. Das Drehbuch hatte sie zwar gelesen, dachte sich aber, dass die Bären wohl animiert sein müssten. Bei einem Treffen mit dem Regisseur Tobias Ineichen in Zürich erfuhr sie dann aber, dass mit richtigen Bären gedreht würde. Angst hatte sie nicht, doch Respekt. Bei den Dreharbeiten waren immer Tiertrainer anwesend, und die brachten ihr bei, sich in Gegenwart der Bären richtig zu verhalten. Keine plötzlichen Bewegungen, nicht weglaufen, Abstand halten. Der kleine Bär, Poca, liess sich sogar streicheln.

Der kleine und der grosse Bär kamen bei den Filmarbeiten nie zusammen – oder besser, die grossen Bären, denn es waren zwei, Hera und Nora, ein Schwesternpaar. Ein Double war dabei, weil Bären bei der Arbeit ab und zu auch unmotiviert sein können. Wer kann es ihnen verdenken. Hera und Nora, die beiden erwachsenen Bären, wurden vom sogenannten Bärenvater Dieter Kraml aus Deutschland trainiert. Er hatte schon bei verschiedenen Filmproduktionen mitgemacht, unter anderem bei «Der Bär» von Jean-Jacques Annaud. Tiertrainer Roger Farr, dessen Firma «Academic Animals» in Belgien und Tschechien domiziliert ist und der ebenfalls schon oft für Filmproduktionen tätig war, schaffte es, dass für die

Dreharbeiten zur richtigen Zeit ein Baby-Bär zur Verfügung stand. Am 25. Juli kam er aus Prag angereist.

Damit ein Bär überhaupt ins Land darf, muss das Herkunftsland ein Gesundheitszeugnis ausstellen. Ausserdem muss sichergestellt sein, dass das Tier während des Transports tierschutzgerecht untergebracht ist und keine Verletzungsgefahr besteht. Das wird vom Grenztierarzt am Zoll auch kontrolliert. Streng genommen müsste sogar Mehrwertsteuer abgeliefert werden, acht Prozent, denn Tiere gelten als Sache. Doch weil der Bär sozusagen zur Berufsausrüstung gehörte und in diesem Fall besondere Regeln gelten, gab es so etwas wie einen Freipass.

Damit der kleine und der grosse Bär im Film in der gleichen Szene zu sehen sein können, musste ein bisschen getrickst werden. Die Tierszenen, bei denen die Tiere später zusammen zu sehen sind, wurden immer mit einer festen Kamera gedreht, damit sich die Einstellung reproduzieren liess. So bekam man Aufnahmen vom gleichen Ort, einmal mit dem kleinen Bären, einmal mit einem der grossen. Am Computer wurden die Bilder anschliessend zusammengebaut. Noch aufwendiger war es, am Computer hinter Poca her wieder alle Gräser aufzurichten. Der kleine Bär war nämlich während der Dreharbeiten immer angeleint, und wenn er auf der Alp Flix durch das hohe Gras streift, drückt die Leine die Gräser nieder, und das soll man ja im Film nicht sehen. Die grossen Bären dagegen waren sicherheitshalber immer hinter einem Elektrozaun. Auch der musste natürlich aus dem Bild entfernt werden. Wenn mit den grossen Bären gearbeitet wurde, war zudem immer ein Jäger anwesend, mit dem Gewehr im Anschlag. Passiert ist zum Glück nichts. Na ja, fast nichts. Nur der kleine Bär versuchte ab und zu, an einem Bein zu knabbern.

LINKS OBEN Hera oder Nora? Wer gibt hier den Pablo?
OBEN Gedreht wurde neben dem Wanderweg zwischen dem Julier-Hospiz und der Passhöhe.

WANDERUNG

JULIERPASS – BIVIO – ALP NATONS – ALP FLIX – SUR

CLARA UND DAS GEHEIMNIS DER BÄREN (2013)
REGIE Tobias Ineichen
MIT Ricarda Zimmerer, Damian Hardung, Rifka Fehr, Elena Uhlig, Roeland Wiesnekker
PRODUKTION HesseGreutert Film AG
DREHORTE Julierpass, Alp Flix, Sur, Bergün, Alp Falein, Filisur, Val Tuors, Ludwigsburg (D)

START La Veduta, Julierpass
WANDERROUTE Auf dem Wanderweg zuerst Richtung Passhöhe. In einer Senke kurz vor dem Pass wurde im Sommer mit dem kleinen Bären und im Herbst mit den grossen Bären gedreht ❶. Wieder zurück und auf dem Wanderweg talabwärts Richtung Bivio. Auf der rechten Talseite an Bivio vorbei und auf den Wanderweg nach rechts zur Alp Natons. Von dort zunächst kurz Richtung Marmorera, dann durch die Lärchenwälder nach Salategnas. Dort sieht Clara die verletzte Kuh auf der Weide ❷. Bei Tigias quer durch das Hochmoor, wo der kleine Bär in ein Sumpfloch fällt ❸. Bei Tgalucas war Basis und Parkplatz für die Filmer ❹. Weiter zu den Lais da Flix und links an den Seen vorbei. Dort begegnet Clara dem kleinen Bären zum ersten Mal ❺. Im Wäldchen dahinter sind die Wilderer unterwegs ❻. Nach den beiden Seen nach links, am Lai Neir vorbei und hinunter nach Sur. Der Stall, in dem der kleine Bär eingesperrt war, liegt mitten im Ort ❼.
VARIANTE Vom Julier führt eine kürzere, aber anspruchsvollere Route via Val d'Agnel, Fuorcla digl Leget und Kanonensattel zur Alp Flix.

🕐 6 Stunden

↔ 21.2 km

↗ 496 m

↘ 1176 m

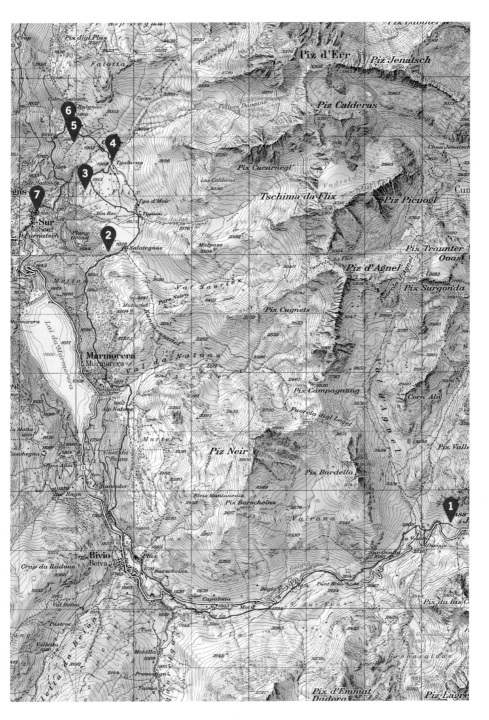

EINMAL GEISSENPETER, IMMER GEISSENPETER

«Heidi» hat nicht nur unzählige Kinder erfreut, sondern auch eine Firma gerettet. Ein Trauma gab es trotzdem.

Zwanzig Stunden dauerte damals der Flug nach New York. Elsbeth Sigmund und Thomas Klameth, besser bekannt als Heidi und Geissenpeter, waren in die amerikanische Metropole eingeladen, um ihren Film vorzustellen. Es war die erste Verfilmung des Stoffs in der Schweiz, nicht aber in den USA. Dort war man schon länger Heidi-verrückt. 1921 war ein Stummfilm entstanden, und 1937 prägte «Heidi» mit dem Kinderstar Shirley Temple das amerikanische Heidibild. In der Schweiz war das Buch von Johanna Spyri zwar ein Bestseller, und Theaterfassungen gab es verschiedene, doch noch kein Filmer hatte sich bis dahin an den Stoff getraut. Und wer weiss, ob der Film entstanden wäre, wenn es der Praesens Film AG nicht so schlecht gegangen wäre.

Schon einmal, Anfang der 1940er Jahre, hatte ein Mädchen die Firma gerettet, als diese nach mehreren Flops schwierige Zeiten durchmachte. «Marie-Louise», die Geschichte um das Ferienkind aus dem kriegsgebeutelten Frankreich, wurde ein grosser Erfolg. Nun also wieder eine Krise – und wieder ein Mädchen, das es richten sollte.

Als Regisseur wurde Luigi Comencini verpflichtet. Der Italiener hatte eine Glarner Mutter und war während des Krieges längere Zeit in der Schweiz gewesen, so dass er fliessend Dialekt sprach. Die Wahl fiel auf ihn, weil er schon erfolgreich mit Kindern gearbeitet hatte. Zusammen mit dem Kameramann und dem Produktionsleiter klapperte er Schulhaus um Schulhaus ab, auf der Suche nach den geeigneten jungen Hauptdarstellern. Im Schulhaus in Küsnacht war das Casting eigentlich schon vorüber, als sich ein kecker blonder Junge vordrängte und den Kameramann fragte, was sie eigentlich hier machten. Der sah sofort, dass dies der richtige Junge sein könnte.

Ob es Thomas Klameth manchmal bereut hat, dass er sich nicht zurückgehalten hat? Er überstand die weiteren Castingrunden so wie auch Elsbeth Sigmund, die als Heidi vorgesehen war. Der Regisseur war von seiner Wahl überzeugt. Um auch den Produzenten zu überzeugen, liess er das Publikum in einem vollen Zürcher Kino über die Probeaufnahmen abstimmen. Es bestätigte seine Wahl.

RECHTS Heidi und der Geissenpeter vor dem Abflug nach New York.

Der Geissenpeter holt Heidi am Morgen bei der Alphütte ab.

Die Alphütte, wo Heidi und der Alp-öhi wohnen und nach der sich Heidi in Frankfurt so sehnt, steht auf der Alp Falein. Dort holt sie der Geissenpeter jeweils am Morgen ab, und mit den Geissen ziehen sie in die heile Berg-welt. Von der Alp Falein sind es zu Fuss knapp zwei Stunden nach Latsch. Dort ist das Filmzuhause vom Geissenpeter. Sein Heim innen ist zwar nicht am glei-chen Ort wie aussen, aber nicht weit weg. An seiner Haustür zieht auch der Umzug vorbei, bevor er zur Kirche kommt, doch zuerst sieht man ihn beim Brunnen oberhalb der Gärten, wo auch die Bäckerei steht, die nie eine Bäckerei war. Die grosse Holztüre wur-de einfach zum Ladeneingang umfunk-tioniert. Der anschliessende Glocken-aufzug, bei dem Heidi doch noch dabei sein darf, wurde direkt bei der Kirche gedreht. Die Würstchen und Brötchen durften die Kinder, die als Statisten

beim Glockenaufzug mitmachten, am Schluss noch essen. Geissenpeter, der sonst immer hungrig war, verzichtete dieses Mal. Er hatte beobachtet, durch wie viele Hände die Esswaren während der Dreharbeiten gegangen waren.

Das Holzgatter, durch das der Alp-öhi, Heidi und der Geissenpeter ins Dorf kommen, steht nicht mehr, die Häuser, zwischen denen sie hindurch-gehen, aber schon, schräg vis-à-vis von der Pension Schmid im Oberdorf. Und wenn der Alpöhi versucht, Tante Dete aufzuhalten, die Heidi einfach mit-nimmt, so rennt er in Latsch unten in der Gasse los, wo der Geissenpeter wohnt, zuerst auf der Strasse, dann durch die Wiesen, klettert über einen Holzzaun, stolpert dem Bachufer ent-lang, erwischt sie fast bei der Brücke und steht schliesslich vor der Eisen-bahnüberführung in Bergün, als der Zug gerade wegfährt. Das Happyend gibt es dann in der reformierten Kirche Bergün.

Gewohnt wurde während der Dreh-arbeiten im «Weissen Kreuz» in Ber-gün. In einem Vorraum lagen dort gros-se Blechdosen herum. Neugierig wie er war, wollte Thomas Klameth wissen, was sich darin befand, und öffnete eine. Die Szenen mussten nochmals gedreht werden, denn in den Dosen lag das aktuell abgedrehte Filmmaterial bereit, um am Abend mit dem letzten Zug zum Entwickeln nach Zürich gebracht zu werden. Als Kind in einer Erwachse-nenwelt, das fand er am Anfang schwie-rig, doch bald freundete sich der Jungschauspieler mit einigen Crewmit-gliedern an, und da war ja auch noch die Dorfjugend, verstärkt durch Ferien-kinder, mit denen man Fussball spielen konnte. Und weil er nun Connections zur Filmwelt hatte, konnte er sogar sein grosses Idol treffen, Hannes Schmidhauser, sein Idol als Fussballer wohlverstanden, nicht als Schauspieler. Es gab also durchaus Vorteile.

Die Probleme begannen nach den Dreharbeiten. Im Fussballclub wurde er wegen seiner Rolle als Geissenpeter gehänselt und auf der Strasse ständig angesprochen. Die Bekanntheit war ihm peinlich. Doch die Amerikareise, die hat er genossen. «Es war umwerfend, so ganz anders», erinnert er sich. Die beiden Kinder, die im Film die heile Bergwelt repräsentieren, wohnten in New York im «Waldorf Astoria», beste Adresse für Filmstars. Sie promoteten ihren Film am Broadway, bei Radiostationen, in Fernsehshows, und Thomas Klameth erinnert sich, dass einmal sogar die Eisfläche im Rockefeller Center ihretwegen geräumt wurde, damit Heidi und der Geissenpeter vor versammelter Presse eislaufen konnten. «Heidi» war in den USA ein voller Erfolg, wie auch schon in der Schweiz. Der Film übertraf alle Erwartungen.

Als Abschiedskomitee vor dem Abflug nach Amerika hatte die Praesens Film zwei Geissen organisiert, eine weisse und eine braune, wie Schwänli und Bärli im Film. Sie wurden extra gekauft, erzählt Thomas Klameth, und nachher wusste man nicht so recht, wohin damit. Die Klameths nahmen sie mit nach Küsnacht, und der Junge kümmerte sich vor der Schule um sie. Nun war er nicht mehr nur der Geissenpeter, er roch auch wie einer. «Wir mussten sie wieder weggeben, weil in der Schule niemand mehr neben mir sitzen wollte.» Es dauerte lange, bis Thomas Klameth begann, sich mit seiner Filmvergangenheit auseinanderzusetzen. «Ich hatte ein richtiges Trauma, wurde scheu und zog mich mehr und mehr zurück.» Heute sucht er die Drehorte ab und zu wieder auf, und auch mit seinem Sohn hat er sie schon besucht. Er hat sich mit seiner Rolle versöhnt und ärgert sich nicht mehr, wenn er darauf angesprochen wird, denn er weiss, er ist halt auch heute immer noch der Geissenpeter.

Seither haben verschiedene andere diese Rolle gespielt. Auch «Heidi»-Drehorte gibt es eine ganze Reihe, nicht nur in der Schweiz. Die jüngste Verfilmung kehrte nun wieder an die Orte zurück, wo 1952 der erste Heidi-Film entstanden war, nach Latsch und Bergün. Nur die Hütte vom Alpöhi steht im neuen Film nicht mehr auf der Alp Falein wie damals, sondern in Sufers. Trotzdem wird der Rundweg zur Heidi-Hütte auf der Alp Falein aus diesem Anlass aktualisiert. Auf die Saison 2016 hin werden die Informationstafeln am Weg überarbeitet und ergänzt mit Informationen über die Dreharbeiten vom neuen «Heidi»-Film, der Ende 2015 in die Kinos kommt.

Der Alpöhi und Heidi vor der Alphütte auf der Alp Falein.

WANDERUNG

STUGL/STULS – ALP FALEIN – STUGL/STULS – LATSCH – BERGÜN

HEIDI (1952)
REGIE Luigi Comencini
NACH dem Roman von Johanna Spyri
MIT Elsbeth Sigmund, Thomas Klameth, Heinrich Gretler, Margrit Rainer
PRODUKTION Praesens Film AG
DREHORTE Alp Falein, Latsch, Bergün, Alp Languard, Fuorcla Surlej, Basel

START Stugl/Stuls
WANDERROUTE Der Bus von Bergün nach Stuls fährt kurz nach dem Start unter der Eisenbahnüberführung durch, wo der Alpöhi den Zug abfahren sieht ⑥. Dann geht es auf der Strasse hinauf, auf der Tante Dete mit Heidi hinunterfährt, verfolgt vom Alpöhi. Bei der Brücke hat er sie fast eingeholt. In Stuls zunächst Richtung Filisur, dann via Pnex auf die Alp Falein, immer auf dem Heidi-Bergweg in umgekehrter Richtung. Die Heidi-Hütte steht am Weg ①. Via Runsolas zurück nach Stuls und oberhalb des Ortes direkt weiter nach Latsch. Durch das Gässchen rechts nach der Pension Schmid kommt der Alpöhi mit Heidi ins Dorf ②. Die Bäckerei ist rechts, bevor man zum Brunnen oberhalb der Gärten kommt, wo der Umzug vorbeizieht ④. Der Geissenpeter wohnt etwas östlich davon aussen ⑤ und innen ③. Unten in der Gasse, wo der Geissenpeter draussen zu Hause ist, rennt der Alpöhi los, um Tante Dete aufzuhalten. Bei der Kirche vorbei und hinunter nach Bergün. Im «Weissen Kreuz» wurde gewohnt ⑦, und in der reformierten Kirche endet der Film ⑧.
BESONDERES Kleinbus Bergün–Stugl/Stuls reservationspflichtig. Am Sonntag keine Verbindungen.

🕐 4½ Stunden ↗ 596 m
↔ 13.1 km ↘ 764 m

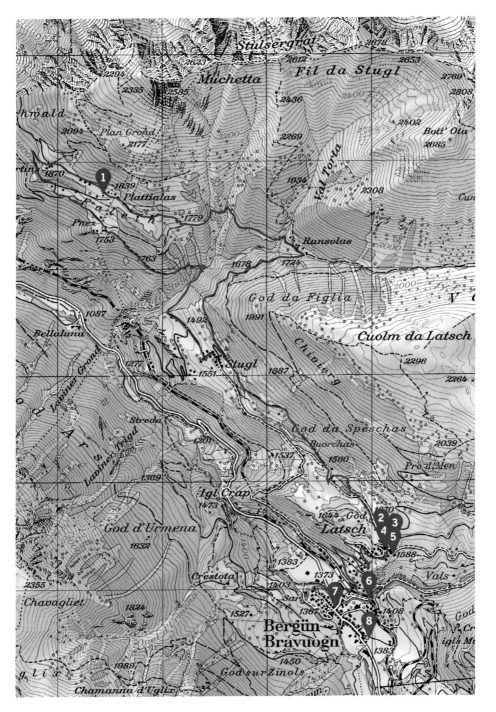

METEOROLOGIE FÜR CINEPHILE

Der Drehstart für «Sils Maria» wurde möglichst lange geheim gehalten. Trotzdem konnte die Malojaschlange nicht alles verhüllen.

Ein Film, der Sils Maria im Titel führt und schöne Landschaftsaufnahmen zeigt, ist ideale Werbung für den Touristenort. Doch eigentlich war es genau umgekehrt. Sils Maria und seine Landschaft hatten Werbung für den Film gemacht, denn Olivier Assayas, der Regisseur, hatte einige Jahre zuvor seine Ferien in Sils Maria verbracht und wollte danach seinen Film an diesem Ort drehen. «Ich mochte die Idee, die Landschaft zu einem eigenen Charakter zu machen. Und natürlich hilft eine atemberaubende Kulisse bei einer Filmproduktion», sagte Olivier Assayas bei der Pressekonferenz in Cannes, wo der Film Premiere feierte.

Im September 2013 wurde während zwölf Tagen im Oberengadin gedreht, drei davon im Hotel Waldhaus selber, eine Herausforderung für das Hotelteam. Dreharbeiten und normaler Hotelbetrieb mussten nebeneinanderher laufen. Weil das in den stark frequentierten Bereichen tagsüber nicht so gut ging, wurde ein Dreh einfach in die Nacht verlegt. «Abends um 23 Uhr begann das Abenteuer und endete morgens um 7 Uhr. Um 7.30 Uhr war die Halle wieder bereit für den normalen Hotelbetrieb, als ob sie nie ein Filmstudio gewesen wäre», beschreibt Felix Dietrich die ungewöhnliche Nacht. Der langjährige Direktor des Hotels wurde für die Filmer zum willkommenen Helfer. Er koordinierte zwischen Crew und Hotelpersonal, organisierte Anreisen und half mit bei der Suche nach geeigneten Locations.

Das 35-köpfiges Filmteam logierte in der ganzen Zeit im Hotel, ebenso die beiden Hauptdarstellerinnen, Juliette Binoche und Kristen Stewart. Sie wurden, so gut es ging, gegen aussen abgeschirmt. Ausserdem hatte man versucht, den Drehstart geheim zu halten, damit die beiden Filmstars nicht schon von unliebsamen Promijägern erwartet würden. So ganz gelang es nicht. Als die beiden auf der Halbinsel Chastè eine Badeszene drehten, bei der zumindest Juliette Binoche nackt in den Silsersee sprang, fanden Fotos davon den Weg in die Presse.

Juliette Binoche ist in dem Film die Theaterschauspielerin Maria Enders. Sie hat sich nach Sils Maria zurückgezogen und probt zusammen mit ihrer Assistentin Val für ein Stück, in dem sie zwanzig Jahre zuvor schon einmal aufgetreten ist. Der Autor, der vor kurzem verstorben ist, war ein Mentor und Freund. Damals hatte sie die Rolle der jüngeren Verführerin. Nun soll sie die ältere Unternehmerin spielen, die der jungen Frau verfallen ist. Bei der Suche nach der richtigen Interpretation der Rolle kommt ihr ihre damalige Umsetzung der Rolle ebenso in die Quere wie Gedanken zum Älterwerden. Auf Wanderungen und im Haus setzt sie sich damit auseinander, wobei Val die Dinge meist aus einem anderen Blickwinkel sieht.

Das Stück heisst «Malojaschlange», und die Malojaschlange kommt im Film auch vor, zuerst in einer alten Filmaufnahme, dann, als Maria Enders sie schliesslich mit eigenen Augen sieht. Die Malojaschlange ist ein Wetterphänomen, typisch für das Oberengadin. Es kann zu jeder Jahreszeit auftreten, wenn feuchte Luft aus dem Bergell aufsteigt und kondensiert, wenn sie abkühlt. Es bildet sich von Maloja her ein langgezogenes Wolkenband, das sich auf relativ geringer Höhe den Bergen entlang schlängelt und talabwärts langsam auflöst. Doch nicht immer, wenn man glaubt, im Engadin zu sein, ist man tatsächlich dort. Zwar wandern Juliette Binoche und Kristen Stewart tatsächlich auf dem Weg von der Station Furtschellas hinunter nach Marmorè, doch ein Teil der Bergszenen wurde im Südtirol gedreht, und auch das Haus, in das sie sich zurückgezogen haben, um die Rolle einzustudieren, steht in Italien.

Die Schauspielerin hadert mit ihrer neuen Rolle.

Juliette Binoche als Maria Enders und Kristen Stewart als ihre Assistentin Val unterwegs in der Engadiner Bergwelt.

WANDERUNG

SILS MARIA – FURTSCHELLAS – MARMORÈ – CHASTÈ – SILS MARIA

START Sils Maria, Furtschellas Bahnen
WANDERROUTE Mit der Seilbahn zur Station Furtschellas. Auf dem Wanderweg Richtung Marmorè. Etwa auf halbem Weg waren Juliette Binoche
und Kristen Stewart diskutierend unterwegs .
Beim Aussichtspunkt Marmorè sitzt Juliette Binoche mit der Witwe ihres Mentors, der an dieser Stelle gestorben ist, und sieht von dort später auch die Malojaschlange . Von dort hinunter nach Sils Maria. Im Ort nach links zum Hotel Waldhaus . Hier begegnet die ältere Schauspielerin zum ersten Mal der jungen Frau, die nun ihre frühere Rolle spielen soll. Weiter zum See und auf die Halbinsel Chastè, wo sich Kristen Stewart mit und Juliette Binoche ohne Kleider ins Wasser wagen ❹. Die Halbinsel umrunden und zurück nach Sils Maria.

🕐 2¹⁄₂ Stunden

↔ 8.5 km

↗ 130 m

↘ 641 m

SILS MARIA (2014)

REGIE Olivier Assayas
MIT Juliette Binoche, Kristen Stewart,
Lars Eidinger, Hanns Zischler, Chloë
Grace Moretz
PRODUKTION CG Cinéma u.a.
DREHORTE Sils Maria, St. Moritz,
Maloja, Südtirol, Leipzig, Berlin

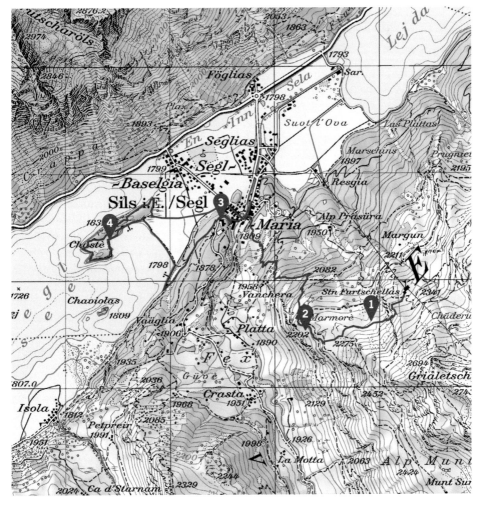

FLACHLÄNDER IN DEN BERGEN

«Halb so wild» spielt in einem abgelegenen Rustico. Der Drehort ist nur zu Fuss erreichbar, und auch sonst war für die Schauspieler vieles ähnlich wie für die Filmfiguren.

Seine grösste Befürchtung war es, keine Schauspieler zu finden. Jeshua Dreyfus hatte noch wenig Filmerfahrung, als er sich an seinen ersten Langspielfilm wagte. Mittel dafür hatte er fast keine. Eine Filmmäzenin fand Gefallen an seinem Drehbuch und spendete 10 000 Franken, dazu kam das Geld, das er als Preis für einen Kurzfilm bekommen hatte, sowie kleinere Beiträge von hier und dort. So kam ein Budget von knapp 30 000 Franken zusammen. Also musste er Schauspielerinnen und Schauspieler finden, die für wenig Gage mitspielen würden. «In Berlin gibt es sicher viele Schauspieler mit wenig Geld», dachte sich der Jungregisseur und machte sich auf nach Norden. Zuerst klapperte er einige Agenturen ab, bis ihn eine Agentin auf den Gedanken brachte, es online zu versuchen. An einem Abend stellte er die Anzeige ins Netz, und innerhalb einer Woche meldeten sich rund 300 Personen, die bereit waren, fünf Wochen lang für 1000 Euro zu arbeiten. Das Casting fand in einem angemieteten Kellertheater statt, und nach sechs Tagen standen die Darsteller fest.

«Halb so wild» zeigt fünf junge Leute, die in einem abgelegenen Tal Ferien machen, in einem einfachen Haus ohne Strom, das nur zu Fuss über einen steinigen Weg erreichbar ist. Mara, die auf dem Weg zum Haus einen Baum umarmt, schlägt am Abend am Lagerfeuer vor, das Wahrheitsspiel zu spielen, und setzt damit diverse Prozesse in Gang, einmal zwischen den Schwestern Fine und Babs, dann zwischen Babs und ihrem Freund David, zwischen Fine und Jonas, den Fine an einer Autobahnraststätte aufgelesen hat, zwischen Jonas und Mara und so weiter. Im abgeschiedenen Rustico kann keiner dem anderen entgehen, und als dann noch mit Pfeil und Bogen geschossen wird, meint man zu wissen, was kommt.

Jeshua Dreyfus hat seinem Team einiges abverlangt. Seine Idee: alles wie im Film. Auch während der Dreharbeiten sollte absolute Ehrlichkeit gelten, der Wohnort war tatsächlich nur zu Fuss erreichbar, und sie waren ebenfalls unter einfachen Bedingungen untergebracht. Schlafen in Gemeinschaftszelten, eine Jurte für die Frauen, eine für die Männer, kaltes Wasser, Plumpsklo. Die Toilette im Film sieht dagegen schon fast luxuriös aus, aber das war eine Attrappe, die allerdings so

OBEN Der Weg zum Drehort ist nur zu Fuss erreichbar.
UNTEN LINKS Der Film war eine Low-Budget-Produktion.
UNTEN RECHTS Die Badestelle im Film war schwer zu erreichen.

echt aussah, dass sich tatsächlich einmal jemand draufsetzte. Am wichtigsten war dem Regisseur jedoch, dass die Schauspieler das Gefühl von Abgeschiedenheit in einem Bergtal erlebten, eine neue Erfahrung für die Flachländer aus Berlin, die auf den steinigen Wegen anfangs ständig stolperten. «Mit Schweizern wäre das nicht gegangen, die wissen, wie es in den Bergen zugeht», ist der Berner überzeugt, der in einer Lebensgemeinschaft oberhalb des Hotels Giessbach in Brienz und in Spiez aufgewachsen ist und später drei Jahre auf einer Alp im hinteren Gürbetal gelebt hat.

Statt die gleiche Atmosphäre entstehen zu lassen wie im Film, ging es immer mehr darum, die Leute überhaupt bei der Stange zu halten. Unterbezahlte Crew, unterbezahlte Schauspieler, alle auf engstem Raum, zwar Sommer, aber kalt, und auch das Wasser des Isorno, in das die Schauspieler immer wieder springen mussten, hatte nicht wirklich ideale Badetemperatur. Warmes Essen gab es nur einmal am Tag, Fleisch war nicht dabei, dafür reichte das Budget nicht. Diese Bedingungen setzten allen zu.

Gewohnt wurde praktisch am Drehort selber, in Vosa di Dentro, einem Ort im Onsernonetal, den sich in den 1970er Jahren zwei für diese Zeit typische Aussteiger aus der Deutschschweiz ausgesucht hatten. Ein dritter ist später dazugekommen. Sie sind bis heute geblieben und versuchen, möglichst viel von dem, was sie zum Leben brauchen, selber zu produzieren. Sie haben Obst und Gemüse, Honig und Holz, eine eigene Quelle und Solarstrom. Schon ganz am Anfang wurden sie von einer Vormundschaftsbehörde um Mithilfe angefragt, und seither leben immer einige Jugendliche in schwierigen Lebenssituationen mit ihnen zusammen, je nach Wunsch in einem der Häuser, in einer Jurte oder neuerdings auch in einem Baumhaus. Einige kehren auch später immer wieder zu Besuch zurück oder verbringen mit ihrer Familie sogar die Ferien an dem Ort, zu dem sie einmal hinmussten.

Jeshua Dreyfus kannte den Ort gut, denn einer der Gründer ist sein Götti. Der Hauptdrehort, das Rustico, liegt etwas weiter oben und hat andere Besitzer. Ohne dieses Rustico, das gerade zu haben war, hätte er den Film nicht dort realisieren können, eine der glücklichen Fügungen. «Es hing oft an einem Faden», meint er rückblickend. Die Schauspieler, das Haus, auch der Regen kam genau zur richtigen Zeit, und zu guter Letzt liess sich noch Geld auftreiben, um den Film fertig zu stellen. Deshalb gibt der junge Regisseur anderen Newcomern den Rat: «Einfach mal anfangen.» Bei ihm hat es funktioniert. «Halb so wild» hatte seine Premiere 2013 an den Solothurner Filmtagen und war dort für den Publikumspreis nominiert.

OBEN Das Filmferienhaus ist ein Rustico oberhalb von Vosa di Dentro.
MITTE LINKS Am Abend wird am Lagerfeuer das Wahrheitsspiel gespielt.
MITTE RECHTS Jonas übt mit Pfeil und Bogen. Spiel oder Ernst?
UNTEN Es sieht zwar warm aus, doch es war nicht wirklich Badewetter.

WANDERUNG

INTRAGNA – PILA – VOSA – VOSA DI DENTRO – LOCO – INTRAGNA

START Intragna
WANDERROUTE Zuerst steil hinauf nach Pila und weiter nach Vosa und Vosa di Dentro. Drehorte: Weg zwischen Vosa und Vosa di Dentro ❶, Zickzackweg zum Rustico ❷, Rustico ❸ und Weg zum Fluss ❺. Geschlafen wurde in den beiden grossen Jurten in Vosa di Dentro ❹. Der Badeplatz im Film ist nicht gefahrlos zugänglich. Alternative: ein ähnlicher, auch nicht ganz ungefährlicher Badeplatz direkt nach der Brücke über den Isorno ❻. Von dort hinauf nach Loco und teilweise der Strasse entlang zurück nach Intragna. Die im Film benutzte Seilbahn von Cresmino, Funivia ❼ nach Vosa, ist nur für Bewohner und Gäste zugänglich.
ABKÜRZUNG Seilbahn Intragna – Pila. Postauto Loco – Intragna

 4 Stunden

 12.2 km

 654 m

 652 m

HALB SO WILD (2013)
REGIE Jeshua Dreyfus
MIT Anna von Haebler, Jamila Saab,
Karen Dahmen, Oliver Russ, Stefan
Leonhardsberger
PRODUKTION Octav Filme
DREHORTE Vosa di Dentro, Funivia
Cresmino

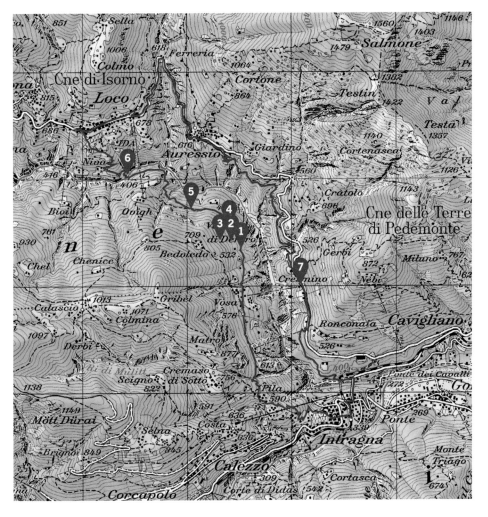

IM AUFTRAG VON JAMES BOND

Wieder auf dem Damm sein – für Wayne Michaels bekam dieser Ausdruck nach den Dreharbeiten zu «Goldeneye» eine ganz eigene Bedeutung.

Leonhard Gmür hat mit Pierce Brosnan noch eine Wette offen. Wenn der James-Bond-Darsteller springt, dann springt er auch. Seit sie die Wette abgemacht haben, sind zwanzig Jahre vergangen, und es wird immer unwahrscheinlicher, dass er sie noch einlösen muss, und das ist ihm wohl auch lieber so. Ein Bungeesprung vom Verzasca-Staudamm, genau wie James Bond in «Goldeneye», 220 Meter in die Tiefe, mehr als 700 Fuss. In dieser Einheit rechneten diejenigen, die den Sprung vorbereiteten, die Jungs von der «Oxford Stunt Factory».

Ihre Aufgabe war es, im Vorfeld genau zu berechnen, wo und wie gesprungen werden muss und wie lange das Seil sein darf, damit nichts passiert. Um ihre Berechnungen zu testen, suchten sie sich passende Holzstücke, die in etwa die Form und das Gewicht des Mannes hatten, der springen sollte, und warfen sie runter. Es war bald klar, dass ein Sprung vom Geländer aus, so wie es im Film zu sehen ist, nicht möglich war, denn dann wäre der Bungeejumper der Mauer zu nahe gekommen. Extra eine feste Einrichtung bauen, so wie sie heute für Abenteuerwillige besteht, ging auch nicht, denn James

Bond läuft ja vor dem Sprung über die leere Staumauer. Auf- und wieder abbauen ging auch nicht, denn es waren nur wenige Drehtage eingeplant. Deshalb musste eine flexible Lösung her. Schliesslich wurde das Seil am Ausleger eines Autokrans befestigt. Das Letzte, was der Stuntman Wayne Michaels vor dem Absprung noch sah, war, wie sich der Kranführer bekreuzigte.

Es war nur ein einziger Sprung über die ganze Distanz geplant, und der sollte erst kurz über dem Boden stoppen. Zwei, drei Meter Spiel waren eingeplant, nicht viel auf 220 Meter. Alles musste auf Anhieb klappen. Die Testwürfe mit den Holzstämmen hatten auch dazu gedient, die Kameras genau zu positionieren, sechs Stück insgesamt, um den Sprung in allen Phasen aufzunehmen. Ein Kamerateam hing dabei sogar in einer Mulde über dem Abgrund, nur an einem Kranarm fixiert. Alles ging gut. Nichts ist passiert, und der Sprung endete tatsächlich, wie berechnet, am Fuss der Staumauer. Mit einer Winde wurde der Stuntman den ganzen Weg wieder hochgezogen. Als ihn die Helfer über die Brüstung hoben, begannen alle am Set zu klatschen. Wayne Michaels war wieder auf dem Damm.

LINKS Das Seil war am Ausleger eines Autokrans befestigt.
RECHTS Wayne Michaels bei seinem Rekordsprung.

Den Ort hatte Leonhard Gmür gefunden. Wo James Bond ist, ist er nicht weit. Seit «Octopussy» 1983 war der Luzerner bei verschienenen Bond-Produktionen engagiert, als Produktionsleiter oder, öfter noch, als Location Manager auf der Suche nach einmaligen Kulissen. Er wohnte seit längerem im Tessin, und so lag es nahe, sich die Tessiner Staudämme anzusehen, als ein Ort für den spektakulären Sprung gesucht wurde. In Frage kam nur eine Bogenstaumauer, wie er schnell herausfand, denn nur die sind eben zurückgebogen. Mit den Besitzern, der Aziende Industriali di Lugano AIL, wurde man einig. Die Entschädigung für die Benutzung der Anlage floss direkt in den Fonds für verunglückte Angestellte.

Der Bungeesprung war nicht das einzig Schwierige, das bei der Staumauer gedreht wurde. Der Film beginnt mit einem kleinen Flugzeug, das auf die Mauer zufliegt. Das war nicht einfach, denn das Tal der Verzasca unterhalb des Damms ist tief und schmal.

Damit das Flugzeug und sein Schatten überhaupt auf der Mauer zu sehen sind, musste es von weit unten anfliegen. Gefilmt wurde aus einem Helikopter, der dem Flugzeug folgte, auch das nicht einfach, weil beide in Bewegung waren und der Schatten des Helikopters nicht zu sehen sein durfte. Bevor dieser Flug gedreht wurde, marschierte Leonhard Gmür mit den beiden Piloten von unten her das ganze Tal ab bis hinauf zur Staumauer, die, wie er fand, von unten noch imposanter aussieht als von oben. Sie wollten sicher sein, dass jedes Hindernis auf ihren Flugkarten eingezeichnet war. War es nicht. Sie fanden einige Kabel, die über das Tal führten und nicht angegeben waren.

Für die Dreharbeiten beim Verzasca-Staudamm waren weder der Regisseur Martin Campbell noch der

OBEN Die «Oxford Stunt Factory» hat den spektakulären Bungeesprung am Staudamm berechnet.
RECHTS Und Action.

Hauptdarsteller Pierce Brosnan angereist. Sein Körper war ersetzbar, auch wenn das sicher nicht alle so sehen mögen. Im Tessin drehte die «Second Unit» mit Regisseur Ian Sharp. Ein Hauptteam bei einer James-Bond-Produktion besteht normalerweise aus mehr als 300 Personen. Das zweite Team ist viel kleiner, aber immer noch grösser als bei manchem Schweizer Film. Rund fünfzig Personen waren angereist. Sie wohnten im Hotel Reber au Lac, lange eine der guten Adressen in Locarno, heute ein Wohnkomplex. Unterkünfte für eine grosse Filmcrew zu finden, sei gar nicht einfach, meint Leonhard Gmür. Nur wenige Hotels sind so gross, dass sie ein Bond-Team beherbergen können. Er hat auch für andere Produktionen gearbeitet. Der Unterschied: Wenn James Bond kommt, sind die Leute zugänglicher.

Doch er kam ja gar nicht. Pierce Brosnan war für keinen seiner vier Bond-Drehs je in der Schweiz. Und er war auch noch nicht hier, um seine Wette einzulösen. «Goldeneye» war sein erster Auftritt als James Bond und der erste James Bond nach einer sechsjährigen Pause. Als er zur Chemiewaffenfabrik hinunterspringt, die er vernichten soll, und unten am Fuss des Damms andockt, ist er in einem Studio in England, und wenn er mit dem Töff flüchtet und vom Berg hinab ins Leere stürzt, ist das zwar in der Schweiz aufgenommen, am Tällistock bei Gadmen, doch es ist nicht Pierce Brosnan, der da performt, sondern ein Stuntman. Die beiden aufsehenerregenden Stunts am Anfang von «Goldeneye», die in der Schweiz gedreht wurden, aber in Archangelsk spielen, sind nur Vorgeschichte zur eigentlichen Geschichte. Nach der Zerstörung der Chemiewaffenfabrik zieht James Bond deshalb weiter, um bei seinem nächsten Auftrag die Welt vor «Goldeneye» zu retten.

WANDERUNG

TENERO – VERZASCA-STAUDAMM – LOCARNO

START Tenero

WANDERROUTE Am Bahnhof auf dem Wanderweg Richtung Gordemo ins Dorfzentrum von Tenero. Nach der Piazza kurz der Strasse entlang. Erst bei der Brücke links auf den Wanderweg, zuerst über die Verzasca, dann auf kleinen Strässchen durch Gordemo hinauf zur Staumauer, zur Diga, wo der berühmte Bungeesprung stattfand ❶. Flugzeug und Helikopter flogen von Tenero her auf den Damm zu ❷. Die Staumauer überqueren. Auf der anderen Seite ein paar Schritte abwärts, dann durch das Wäldchen zur Strasse nach Contra. In Contra Wanderweg nach Monti della Trinità nehmen, dann immer auf dem Panoramaweg «Sentiero Collina Alta» bleiben, der in Contra beginnt. Bei den Monti della Trinità direkt hinunter auf die Piazza Grande, das Herz des Filmfestivals Locarno ❸. Von dort sind es noch zehn Minuten zum Bahnhof. Gewohnt hat die Filmcrew im Hotel Reber au Lac ❹.

ABKÜRZUNG Bus Tenero – Diga Verzasca; Bus Monti della Trinità – Locarno Stazione

🕐 4 Stunden

↔ 12.7 km

↗ 637 m

↘ 637 m

GOLDENEYE (1995)
REGIE Martin Campbell
SECOND UNIT DIRECTOR Ian Sharp
LOCATION MANAGER Leonhard Gmür
MIT Pierce Brosnan, Sean Bean, Judy
Dench, Gottfried John
PRODUKTION EON Productions Ltd.
DREHORTE Verzasca-Staumauer,
(Tenero, Gordola), Tällistock (Gadmen),
St. Petersburg (Russland), Frankreich,
Monaco, Puerto Rico, England

QUELLEN

AMSTAD, HEINZ: DS Rhône wird zum Wolgadampfer Letucci. Logbuch, www.schiffs-agentur.ch, 2.10.2012

ANKER, DANIEL: «Wenn du den Berg siehst, willst du ihn auch haben». NZZ, 3.7.2008

ANKER, DANIEL (HRG): Eiger: die vertikale Arena. Zürich: AS-Verlag 2000

BAUINVENTAR ONLINE, Kanton Bern, Version 2012

BLUBACHER, THOMAS: «Die Holbeinstrasse, das ist das Europa, das ich liebe». Basel: Schwabe 2010

BRÜCKENBAUER, 25.2./5.5.1944

COEUR ANIMAL, Pressematerial 2009

CORTESI, MARIO; SENN, WALTER: Ueli. Bern: Benteli-Verlag-AG 1995

DAS BOOT IST VOLL, DVD Bonusmaterial. Markus Imhoof Collection 2008

DAS GEFRORENE HERZ, DVD Bonusmaterial. Praesens Film AG 2009

DAS VERMÄCHTNIS, DVD. erinnern.at 2008

DER BERG, DVD Bonusmaterial. Markus Imhoof Collection 2008

DER ERFINDER, DVD Bonusmaterial. Praesens Film AG 2008

DER SPIEGEL: Menschen spielen ihr Schicksal. Der Spiegel 14/1947

DIETRICH, FELIX: Hollywood-dans-les-Alpes. Waldhaus News, Januar 2014

DINDO, RICHARD: Grüningers Fall, DOK-Film 1997

DUMONT, HERVÉ: Geschichte des Schweizer Films: Spielfilme, 1896–1965. Lausanne: Schweizer Filmarchiv 1987

DUMONT, HERVÉ, TORTAJADA, MARIA: Histoire du cinéma suisse 1966–2000. Lausanne: Cinémathèque suisse 2007

DUMONT, HERVÉ: Leopold Lindtberg und der Schweizer Film: 1935–1953. Ulm: G. Knorr 1981

FAYARD, ROSALYNE: Pascal Thurre, journaliste au nom du rêve. Lausanne: Association films Plans-fixes 2005

FRIEDLI, MARCEL: «Die letzte Chance». Die kontroverse Zensurgeschichte des Flüchtlingsfilms der Zürcher Präsens Film von August 1944 bis Mai 1945. Lizentiatsarbeit Philosophische Fakultät Universität Freiburg (CH) 2001

FRISCHKNECHT, JÜRG ET AL.: Filmlandschaft: Engadin, Bergell, Puschlav, Münstertal. Chur: Verlag Bündner Monatsblatt 2003

FUCHS, REGULA: Zurück in die Zukunft. Tages-Anzeiger, 31.3.2015

GNÄDINGER, FRITZ: Vom Einzelschicksal zum vollen Boot. Schaffhauser Heimatbuch 1/2007

HOLENSTEIN, PATRICK: Die drei Ds der dritten Dimension. www.bäckstage.ch, 1.1.2012

IM AUFTRAG DES DRACHENS – THE EIGER SANCTION, DVD Bonusmaterial. Universal 2003

IMHOOF, MARKUS: Das Boot ist voll: ein Filmbuch. Zürich: Ammann 1983

INTERNET MOVIE DATABASE IMDB

JAGGI, GENEVIÈVE: A l'affiche! Une image pour un film: les enjeux de l'affiche de cinéma. Radio Télévision Suisse RTS, 2.10.1979

JENNY, URS: Himmlische Flüge. Der Spiegel, 10/1980

KELLER, STEFAN: Festung Schweiz. Die Zeit online 17.8.2008

KELLER, URS: Der indische Tourismus in der Schweiz. Diplomarbeit Geogr. Institut Universität Zürich 2002

KOPP, JOSEPH A.: Erdgas und Erdöl in der Schweiz. Luzern: Räber & Cie 1955

KRAUSE, CORNELIA: Bollywood-Schweiz bietet Indern Ferien wie im Film. Sonntags-zeitung, 7.9.2014

KÜHN, CHRISTOPH: FRS: Das Kino der Nation, DOK-Film 1985

LE MILIEU DU MONDE, DVD Bonusmaterial. Doriane Films Paris 2002

LEIMGRUBER, WALTER: Heidi – Wesen und Wandel eines medialen Erfolges. In: Heidi – Karrieren einer Figur. Zürich: Offizin Zürich Verlags-AG 2001

LINSMAYER, CHARLES: 60 Jahre Alles in Allem. Ausstellung Museum Strauhof 2015

MARTI, ANNETTE: Im grossen Jammer wegen der Sonne. Jungfrau Zeitung, 9.10.2006

MARTI, MICHAEL; WÄLTY, PETER: James Bond und die Schweiz. Basel: Echtzeit-Verlag 2008

NORDWAND, Pressematerial 2008

ONE WAY TRIP, DVD Bonusmaterial. Elite Film AG 2012

PRAESENS FILM AG, Archiv, Zürich

ROMEO ET JULIETTE AU VILLAGE, Travelling 48. Cinémathèque Suisse Hiver 1976

ROMEO UND JULIA AUF DEM DORFE, Interview mit Hans Trommer. Zoom Filmberater 2/75

RÜHMANN, HEINZ: Pressematerial. Archiv Praesens Film AG

SAILER, ANDREA: Schweizer Filmregisseure in Nahaufnahme. Zürich: Rüffer & Rub 2011

SCHMUTZ, JANINE: Gilberte de Courgenay – Wunschvorstellung Schweizer Frau. Lizentiatsarbeit Philosophisch Historische Fakultät Universität Basel 2001

SCHNEIDER, ALEXANDRA (HRG): Bollywood: das indische Kino und die Schweiz. Zürich: Edition Museum für Gestaltung Zürich 2002

SENNENTUNTSCHI, DVD Bonusmaterial. Constantin Film AG 2011

SIDLER ANGEHRN, PASCALE: Für Film die Kuh dressiert. Anzeiger von Uster, 29.4.2009

STREULI, SCHAGGI: Wir filmten in Courgenay. Tages-Anzeiger, 17.4.1941

SUÁREZ VARELA, ANTONIO: Ostschweizerische Voralpenidylle auf spanisch. Ensuite – Kulturmagazin Nr. 58, Oktober 2007

TANNER, ALAIN: Ciné-mélanges. Paris: Editions du Seuil 2007

ULI DER KNECHT, DVD Bonusmaterial. Praesens Film AG 2004

ULI DER KNECHT WIRD 60, Ausstellung Gotthelf Zentrum Lützelflüh 2014/15

VAUCHER, C.F.: Aus meiner linken Schublade. Zürich: Rotpunktverlag 1996

WOTTRENG, WILLI: Farinet. Basel/ Neuallschwil: Edition Heuwinkel 1995

ZURBRÜGG, YVONNE: Im Kostüm aus Schurwolle ans Set. Jungfrau Zeitung, 25.5.2007

BILDNACHWEIS

Herzlichen Dank für die freundliche Genehmigung zum Abdruck der Bilder.

ADIVINA PRODUCCIONES S.L Seite 173

STEPHAN BARTH Seiten 67, 68–69, 119 (oben), 189 (unten), 191

GABI BRUNNER Seite 171 (oben links + rechts)

KATHRIN BRUNNER Seiten 125 (links oben + unten), 132, 133 (rechts), 159 (oben + unten links), 160 (oben), 216, 217, hintere Innenklappe

C-FILMS AG Seiten 165 (unten), 166

CG CINÉMA Seiten 203, 204–205

CINÉMATHÈQUE SUISSE Seiten 13, 31, 33, 38, 39, 96 (oben), 97, 113, 114, 115, 125 (oben + Mitte), 126, 131, 133 (links), 143, 144, 145, 146–147, 159 (unten rechts), 161, 177 (unten), 178, 179, 183, 185, 196, 198–199

GISELA DIRAC Seiten 25, 27

JESHUA DREYFUS / RUBEN KLEIN Seiten 209, 211

LEONHARD GMÜR Seite 215

LUKAS HÄMMERLE Seiten 165 (oben), 167

HESSEGREUTERT FILM AG Vordere Innenklappe, Seiten 49, 50–51, 189 (oben), 190

URS ISELI, KRÜSI AG Seiten 171 (unten), 172

KEYSTONE, RUE DES ARCHIVES/DILTZ Titelseite

KINEOS GMBH (Screenshot DVD Via Mala; Hrg. StudioCanal 2010): Seite 61

CLEMENS KLOPFENSTEIN Seite 63

KONTRAPRODUKTION AG Seiten 119 (unten), 120, 121

LANGFILM Seiten 101, 102, 103

LES AMIS DE FARINET Seite 15

MAJESTIC/NADJA KLIER Seiten 76–77

PRAESENS FILM AG Seiten 43, 44, 45, 87, 88–89, 91, 96 (unten), 107, 109, 177 (oben), 195, Rückseite

PS.PRODUCTIONS Seiten 18, 19, 20, 21

EDOUARD RIEBEN/CINÉMATHÈQUE SUISSE Seiten 151, 152, 153, 154–155

NICOLE SCHWIZGEBEL Seite 57 (oben)

SRF/NIKKOL ROT Seiten 55, 57 (unten links + unten rechts)

PRIVATARCHIV JÜRG WYRSCH Seite 160 (unten)

YVES YERSIN Seite 37

ZODIAC PICTURES Seiten 138–139

STEFAN ZÜRCHER Seiten 81, 83

FILMREGISTER